W9-BAW-895

# Johann Wolfgang von Goethe

Dargestellt von Peter Boerner

Rowohlt Taschenbuch Verlag

Umschlagvorderseite: Johann Wolfgang von Goethe, 1828.
Ölgemälde von Joseph Karl Stieler (Ausschnitt).
München, Neue Pinakothek
Umschlagrückseite: Goethe im Alter von 25 Jahren.
Getuschte Silhouette von unbekannter Hand, 1774
Goethes Autograph eines «Zahmen Xenions»:
    Liegt Dir Gestern klar und offen,
    Wirkst du Heute kräftig frey,
    Kannst auch auf ein Morgen hoffen
    Das nicht minder glücklich sey

Seite 3: Goethe im Alter von 81 Jahren.
Lithographie von Daniel Maclise nach einer Zeichnung
des englischen Dichters William Thackeray
Seite 7: Goethe im Alter von 70 Jahren.
Ölgemälde von George Dawe, 1819

*Überarbeitete Neuausgabe*
*33. Auflage. 265.–284. Tausend Mai 1999*
*Veröffentlicht im Rowohlt Taschenbuch*
*Verlag GmbH,*
*Reinbek bei Hamburg, Mai 1999*
*Copyright © 1964, 1999 by Rowohlt Taschenbuch*
*Verlag GmbH,*
*Reinbek bei Hamburg*
*Alle Rechte an dieser Ausgabe vorbehalten*
*Umschlaggestaltung Ivar Bläsi*
*Redaktionsassistenz Katrin Finkemeier*
*Reihentypographie Daniel Sauthoff*
*Layout Gabriele Boekholt*
*Satz* PE Proforma *und* Foundry Sans *PostScript,*
*QuarkXPress 3.32*
*Gesamtherstellung Clausen & Bosse, Leck*
*Printed in Germany*
ISBN 3 499 50577 0

# INHALT

# Goethe über sich selbst

Eine auf Goethes eigenen Aussagen beruhende Schilderung seines Lebens darf aus einem nahezu unermeßlichen Bestand an Quellen schöpfen. Neben seinen poetischen, wissenschaftlichen und besonders seinen autobiographischen Schriften, darunter *Dichtung und Wahrheit* und *Italienische Reise*, besitzen wir von ihm mehr als fünfzehntausend Briefe sowie Tagebücher aus zweiundfünfzig Jahren seines Lebens. Dazu kommen noch unzählige Gesprächsprotokolle von Vertrauten, Mitarbeitern und Besuchern. Wohl nicht zu Unrecht hat man behauptet, daß von keinem anderen Menschen jemals eine ähnliche Fülle authentischer Zeugnisse bekannt wurde.

Und doch mag es manchmal so scheinen, als ob wir über Goethe kaum mehr wissen als über Dante oder Shakespeare. Wie schon Zeitgenossen den Eindruck gewinnen konnten, sein Wesen sei im Grunde nicht zu beschreiben, weil er ihnen immer wieder «entschlüpfe»[1], so verstummen auch Interpreten vielfach vor der Frage nach seinem eigentümlichen Charakter. Nicht zuletzt Goethes Selbstzeugnisse tragen noch zu dieser Unsicherheit bei. Ist es doch offenbar, wie er in *Dichtung und Wahrheit* bedrückende Erlebnisse seiner Kindheit nur vorsichtig andeutete; wie er in Briefen persönliche Dinge gegenüber den Bezügen nach außen zurücktreten ließ; ja wie er mit zunehmenden Jahren vieles, was seine innerste Existenz berührte, hinter abstrahierenden Maximen zu verschleiern suchte. So wollte er auch seine dichterischen und autobiographischen Werke durchaus nicht als Bekenntnisse im Sinne Rousseaus, sondern viel zurückhaltender als *Bruchstücke einer großen Konfession²* aufgefaßt wissen. Werthers Geschick war doch nur ein Teil seines Erlebens, er selbst war niemals Faust und auch nicht Wilhelm Meister. Sieht man von den spontanen Ergießungen seiner frühen Briefe ab, so hat er eigentlich nur einmal den Versuch gemacht, das eigene Wesen ohne poetische Verhüllung zu beschreiben. Ein nicht näher bezeichnetes Manuskript aus seinem Nachlaß, das lediglich durch äußere Merkmale auf den Sommer 1797 zu datieren ist, enthält die folgende, wohl als Entwurf zu einer Selbstdarstellung gedachte Charakteristik:

*Immer tätiger, nach innen und außen fortwirkender, poetischer Bildungstrieb macht den Mittelpunkt und die Base seiner Existenz. Da dieser Trieb rastlos ist, so muß er, um sich nicht stofflos selbst zu verzehren, sich nach außen wenden und, da er nicht beschauend, sondern nur praktisch ist, nach außen ihrer Richtung entgegenwirken. Daher die vielen falschen Tendenzen zur bildenden Kunst, zu der er kein Organ, zum tätigen Leben, wozu er keine Biegsamkeit, zu den Wissenschaften, wozu er nicht genug Beharrlichkeit hat. Da er sich aber gegen alle drei bildend verhält, auf Realität des Stoffs und Gehalts und auf Einheit und Schicklichkeit der Form überall dringen muß, so sind selbst diese falschen Richtungen des Strebens nicht unfruchtbar nach außen und innen. [...] In Geschäften ist er brauchbar, wenn dasselbe einer gewissen Folge bedarf und zuletzt auf irgendeine Weise ein dauerndes Werk daraus entspringt oder wenigstens unterweges immer etwas Gebildetes erscheint. Bei Hindernissen hat er keine Biegsamkeit, aber er gibt nach, er widersteht mit Gewalt, er dauert aus oder er wirft weg, je nachdem seine Überzeugung oder seine Stimmung es ihm im Augenblicke gebieten. Er kann alles geschehen lassen, was geschieht und was Bedürfnis, Kunst und Handwerk hervorbringen; nur dann muß er die Augen wegkehren, wenn die Menschen nach Instinkt handeln und nach Zwecken zu handeln sich anmaßen. [...] Eine Besonderheit, die ihn sowohl als Künstler als auch als Menschen immer bestimmt, ist die Reizbarkeit und Beweglichkeit, welche sogleich die Stimmung von dem gegenwärtigen Gegenstand empfängt, und ihn also entweder fliehen oder sich mit ihm vereinigen muß. So ist es mit Büchern, mit Menschen und Gesellschaften; er darf nicht lesen, ohne durch das Buch bestimmt zu werden; er ist nicht gestimmt,*

*ohne daß er, die Richtung sei ihm so wenig eigen als möglich, tätig da-*
*gegen zu wirken und etwas Ähnliches hervorzubringen strebt.*[3]

Deutete Goethe hier auch offener als in seinen autobiographischen Schriften auf eine ihn ständig bedrängende Unruhe,
so hat er die Skizze doch vor allem dadurch gekennzeichnet,
daß er sie als Fragment zurückbehielt. Beinahe scheint es so,
als ob er nicht nur gegenüber anderen Menschen, sondern
auch vor sich selbst nicht weiter gehen wollte. Der letzte Blick
ins eigene Ich rührte für ihn an jene *Geheimnisse des Lebens*, zu
deren Vergegenwärtigung sich, wie er noch eine Woche vor
seinem Tode an Wilhelm von Humboldt schrieb, *selten eine
Stunde findet* [4]. Trotz vielfacher Einsichten in die Wandlungen
und Stufen seiner Entwicklung blieb ihm der Kern seiner Existenz im Grunde unfaßbar. In diesem Sinne gilt auch für unsere vornehmlich auf seinen eigenen Aussagen fußende Biographie ein Spruch nach Hiob, den er selbst als Motto über seinen
Aufsatz von der *Bildung und Umbildung organischer Naturen*
stellte:

> *Siehe er geht vor mir über*
> *ehe ich's gewahr werde,*
> *und verwandelt sich*
> *ehe ich's merke.*[5]

# Kindheit und Jugend

Johann Wolfgang Goethe, geboren am 28. August 1749 als Bürger der Freien Reichsstadt Frankfurt am Main, stammte väterlicherseits aus einer thüringischen Familie von Bauern, Handwerkern und Gastwirten; von seiten der Mutter aus einem südwestdeutschen Gelehrten- und Juristengeschlecht. Friedrich Georg Goethe, Schneider aus Artern im Mansfeldischen, der Vater des Vaters, hatte sich nach Jahren der Wanderschaft in Frankfurt niedergelassen und war durch Einheirat Gastwirt «Zum Weidenhof» geworden. Sein Sohn, Johann Caspar Goethe, geboren 1710, konnte als Erbe eines beträchtlichen Vermögens die Rechte studieren und Bildungsreisen durch Frankreich und Italien unternehmen. Nach einem erfolglosen Versuch, eine Stellung im Frankfurter Magistrat zu erhalten, wußte er sich durch Kauf den Titel eines «Kaiserlichen Rates» zu verschaffen, der ihn zwar den angesehensten Bürgern der Stadt gleichstellte, aber zugleich von öffentlichen Ämtern ausschloß. Ohne berufliche Verpflichtungen lebte er von seinem zweiunddreißigsten Jahr an seinen privaten Studien und Kunstliebhabereien. 1748 heiratete er Catharina Elisabeth Textor, Tochter des Stadtschultheißen. Von sechs Kindern, die dem Paar geboren wurden, überlebten allein zwei, Johann Wolfgang und die um ein Jahr jüngere Cornelia, die früheste Jugend.

Das Elternhaus Goethes mit dem klangvollen Namen «Zu den drei Leiern» am Großen Hirschgraben, nur wenige hundert Schritte von der Hauptwache der Stadt entfernt gelegen, war geprägt von der Lebenshaltung des gebildeten Bürgertums der Zeit. Bei einem Umbau des Anwesens stellte Goethes Vater ausdrücklich das äußere Ansehen zugunsten einer *inneren guten und bequemen Einrichtung*[6] zurück. Viel Mühe verwandte er auf die Ausstattung seiner Bibliothek und einer Gemäldegalerie mit Werken zeitgenössischer Künstler. Andenken von seinen Reisen schmückten die Zimmer und den weiträumigen

Das älteste Bild von Goethes Elternhaus am Großen Hirschgraben in Frankfurt. Stich nach einer Zeichnung von Friedrich Delkeskamp, 1824. Goethes Vater ließ das ursprünglich aus zwei getrennten, nur unzulänglich miteinander verbundenen Gebäuden bestehende Anwesen 1755 zu einem in sich geschlossenen bürgerlich-prächtigen Haus umbauen.

Vorsaal. Wie Goethe sich in *Dichtung und Wahrheit* erinnerte, zog dabei *eine Reihe römischer Prospekte*[7] seinen Blick am meisten auf sich. Mit besonderer Wärme gedachte er auch der Aussicht vom zweiten Stock des Hauses: *Dort war, wie ich heranwuchs, mein liebster, zwar nicht trauriger, aber doch sehnsüchtiger Aufenthalt. Über Gärten hinaus, über Stadtmauern und Wälle sah man in eine schöne fruchtbare Ebene. [...] Dort lernte ich sommerszeit gewöhnlich meine Lektionen, wartete die Gewitter ab, und konnte mich an der untergehenden Sonne nicht satt genug sehen. Da ich aber zu gleicher Zeit die Nachbarn in ihren Gärten wandeln und ihre Blumen besorgen, die Kinder spielen, die Gesellschaften sich ergötzen sah: so erregte dies frühzeitig in mir ein Gefühl der Einsamkeit und einer daraus entspringenden Sehnsucht, das, dem von der Natur in mich gelegten Ernsten und Ahndungsvollen entsprechend, seinen Einfluß gar bald und in der Folge noch deutlicher zeigte.*[8]

Viel Gewicht maß Goethe seiner Vaterstadt als dem räumlichen und geistigen Hintergrund seiner Jugend bei. Mit epischer Breite entwarf er deshalb in seiner Lebensgeschichte ein Bild der durch vielfältige Traditionen geprägten *alten Gewerbstadt*[9] mit ihren Straßen, Gassen, Brunnen, Klöstern und Kirchen. Liebevoll beschrieb er den *schönen Fluß*, der *auf- und abwärts meine Blicke nach sich zog*[10], auch das Leben und Treiben der Bewohner, ihre Tätigkeiten und Vergnügungen. Gern verlor sich der Knabe in dem Gewühl um den Dom oder auf dem Römerberg, den er als *angenehmen Spazierplatz*[11] in Erinnerung behielt. Voller Entsetzen dachte er dagegen noch im Alter an den *beschränkten, vollgepfropften und unreinlichen Marktplatz* mit den daranstoßenden *engen und häßlichen Fleischbänken*[12]. Vor solcher in vielen Einzelheiten seit Jahrhunderten unveränderten Szenerie wurde noch 1772 die Hinrichtung einer Kindsmörderin namens Susanna Margarethe Brandt vollzogen, ein Ereignis, das wohl zu Goethes Konzeption der Gretchen-Szenen im *Urfaust* beitrug.

Schwer erscheint es, trotz zahlreicher Bezüge in *Dichtung und Wahrheit*, ein abgeschlossenes Bild von Goethes Vater zu gewinnen. Goethe weist zwar im Zusammenhang mit manchem Einzelereignis auf ihn hin, spricht auch von seiner trockenen, pedantischen Art oder seiner Strenge gegen sich selbst und andere, vermeidet aber eine umfassende Charakterisierung. Vielleicht tat er es, weil er in späteren Jahren spürte, wie er selbst dem Vater nicht nur in der äußeren Erscheinung, sondern auch in Fragen der Lebensführung, insbesondere seiner betonten Ordnungsliebe, mehr und mehr ähnlich wurde. Vielsagend ließ er das in einem häufig zitierten *Zahmen Xenion* durchblicken:

> *Vom Vater hab ich die Statur,*
> *Des Lebens ernstes Führen.*[13]

Ein Gegengewicht zu der verstandesbetonten Persönlichkeit des Vaters bildete die *von Natur sehr lebhafte und heitere*[14] Mutter. Schon durch ihr Alter – bei Goethes Geburt war sie acht-

Goethes Mutter. Pastellbild des Offenbacher Malers Georg Oswald May, 1776. Goethe widmete seiner Mutter eine liebevolle Schilderung in «Dichtung und Wahrheit». Auch in den Gestalten der Elisabeth in «Götz von Berlichingen» und der Mutter in «Hermann und Dorothea» hat man versteckte Porträts von ihr erkannt.

zehn, der Vater fast vierzig Jahre alt – stand sie den heranwachsenden Kindern oft näher als ihrem Gemahl. Ihrer Fähigkeit zum Vermitteln ist es wohl zu verdanken, daß schwerere Konflikte zwischen Sohn und Vater vermieden werden konnten. Auf ihre *Lust zu fabulieren*[15] führte Goethe später das poetische Element seines Wesens zurück. Nur ahnen können wir allerdings, wie ihre *Frohnatur*[16], die er in der Erinnerung herausstellte, durch manche bittere Lebenserfahrung auf die Probe gestellt wurde. Die Briefe, in denen sie über ihre häuslichen Verhältnisse nach Weimar berichtete, hat Goethe verbrannt. Nach dem Tod ihres Gemahls im Jahre 1782 lebte sie noch fast drei Jahrzehnte. Nur viermal hat Goethe sie nach seinem Weggang aus dem Elternhaus noch besucht.

Die nächste Vertraute der Jugendjahre Goethes wurde seine Schwester Cornelia. Wie er war sie *ein Wesen, das weder mit sich einig war noch werden konnte*[17], ohne allerdings gleich ihm die Gabe zu besitzen, sich durch poetische Gestaltungen von ihren Zweifeln lösen zu können. Fast jeder Konflikt führte bei ihr zu lange anhaltenden Spannungen. *Sie, nur ein Jahr jünger als ich, hatte mein ganzes bewußtes Leben mit mir herangelebt und sich dadurch mit mir aufs innigste verbunden. [...] Und so wie in den ersten Jahren Spiel und Lernen, Wachstum und Bildung den Geschwistern völlig gemein war, so daß sie sich wohl für Zwillinge halten konnten, so blieb auch unter ihnen diese Gemeinschaft, dieses Vertrauen bei Entwicklung physischer und moralischer Kräfte. Jenes Interesse der Jugend, jenes Erstaunen beim Erwachen sinnlicher Triebe, die sich in geistige Formen, geistiger Bedürfnisse, die sich in sinnliche Gestalten einkleiden, alle Betrachtungen darüber, die uns eher verdüstern als aufklären, manche Irrungen und Verirrungen, die daraus entspringen, teilten und bestanden die Geschwister Hand in Hand.*[18]

Weitgehend in der Verantwortung des Vaters lag die Aufsicht über die sorgfältige Erziehung, die Goethe von früher Kindheit an erhielt. Wie es in vornehmen Bürgerhäusern üblich war, wurde er von Hauslehrern unterrichtet, besonders in den Schönen Wissenschaften. Hefte mit lateinischen und griechischen Schülerarbeiten, die sich erhalten haben, zeugen von einer erstaunlichen Fassungsgabe des Knaben. Der Stolz, mit dem der Achtjährige darin vermerkte, er habe die lateinischen Übungen der Primaner des öffentlichen Gymnasiums von sich aus abgeschrieben und übersetzt, hatte einige Berechtigung. Nach den alten Sprachen lernte er Französisch, Englisch und Italienisch, später auch Hebräisch. Der Zehnjährige las Äsop, Homer, Vergil und Ovid ebenso wie «Tausendundeine Nacht», Defoes «Robinson Crusoe» und Schnabels «Insel Felsenburg», aber auch die deutschen Volksbücher vom Eulenspiegel und vom Doktor Faust, von der schönen Magelone und *der ganzen Sippschaft bis auf den Ewigen Juden*[19].

Hand in Hand mit der wissenschaftlichen Ausbildung ging eine intensive religiöse Erziehung, die durch das in Frankfurt tonangebende Luthertum bestimmt war. Neben der Teilnahme an den Gottesdiensten gehörte dazu das tägliche Lesen der Bibel, des Alten wie des Neuen Testaments. Trotz seiner späteren Distanzierung von den kirchlichen Formen des Christentums bekannte Goethe noch im Alter, daß er der Bibel

Eine Seite aus den «Labores juveniles», Goethes Exerzitienheften der Jahre 1757 bis 1759. Der linksseitige Text des auf deutsch und lateinisch verfaßten «Colloquiums» zwischen P[ater] und F[ilius] = Vater und Sohn lautet:

P. Was machstu da mein Sohn?

F. Ich bilde in Wachs.

P. Das dachte ich: O wen wirstu einmal die Nüsse verlassen.

F. Ich spiele ia nicht mit Nüssen sondern mit Wachs.

P. Unwissender: kan dir wol unbekandt seyn was hier Nüsse sagen wollen.

F. Jetzo erinnere mich: Allein sehen Sie, was ich in kurtzer Zeit vor ein Wachs-Posierer worden bin.

P. Ja wol, ein Wachs-Verderber.

einen großen Teil seiner geistigen Bildung verdanke. Wie konservativ allerdings die religiösen Einstellungen seines Vaters waren, zeigt, daß dieser eine Lektüre von Klopstocks «Messias» nicht duldete. Heimlich lasen Goethe und seine Schwester das Werk, das einen tiefen Eindruck auf sie machte.

Bedeutung für die geistige Entwicklung Goethes gewann das Erdbeben von Lissabon am 1. November 1755, das als eine der großen Naturkatastrophen des Jahrhunderts in die Geschichte einging. Obgleich ihm bei der Abfassung von *Dichtung und Wahrheit* daran lag, die Wirkung bedrückender Erlebnisse abzuschwächen, klingt selbst dort noch nach, wie sehr die Nachrichten von dem Ereignis die Gemütsruhe des Knaben im tiefsten bedrohten: *Schneller als die Nachrichten hatten schon Andeutungen von diesem Vorfall sich durch große Landstrecken verbreitet; an vielen Orten waren schwächere Erschütterungen zu verspüren, an manchen Quellen ein ungewöhnliches Innehalten zu bemerken gewesen: um desto größer war die Wirkung der Nachrichten selbst, welche erst im allgemeinen, dann aber mit schrecklichen Einzelheiten sich rasch verbreiteten. Hierauf ließen es die Gottesfürchtigen nicht an Betrachtungen, die Philosophen nicht an Trostgründen, an Strafpredigten die Geistlichkeit nicht fehlen. [...] Der Knabe, der alles dieses wiederholt vernehmen mußte, war nicht wenig betroffen. Gott, der Schöpfer und Erhalter Himmels und der Erden, den ihm die Erklärung des ersten Glaubensartikels so weise und gnädig vorstellte, hatte sich, indem er die Gerechten mit den Ungerechten gleichem Verderben preisgab, keineswegs väterlich bewiesen. Vergebens suchte das junge Gemüt sich gegen diese Eindrücke herzustellen, welches überhaupt um so weniger möglich war, als die Weisen und Schriftgelehrten selbst sich über die Art, wie man ein solches Phänomen anzusehen habe, nicht vereinigen konnten.*[20]

Auch zeitgeschichtliche Ereignisse machten einen nachhaltigen Eindruck auf Goethe. Als 1756 der Siebenjährige Krieg zwischen Preußen und Österreich ausbrach und die Welt *sich nicht nur als Zuschauer, sondern auch als Richter aufgefordert*[21] fand, spürte er zum erstenmal die Auswirkungen politischer Verhältnisse auf sein eigenes Leben: *Wie mir in meinem sechsten Jahre, nach dem Erdbeben von Lissabon, die Güte Gottes einigermaßen verdächtig geworden war, so fing ich nun, wegen Friedrichs des Zweiten, die Gerechtigkeit des Publikums zu bezweifeln an. [...] Die größten und augenfälligsten Verdienste wurden geschmäht und angefeindet, die höchsten Taten wo nicht geleugnet doch wenigstens entstellt und verkleinert; und ein so schnödes Unrecht geschah dem einzigen, offenbar über alle seine Zeitgenossen erhabenen Manne, der täglich bewies und dartat was er vermöge; und dies nicht etwa vom Pöbel, sondern von vorzüglichen Männern, wofür ich doch meinen Großvater und meine Oheime zu halten hatte.*[22]

Die Meinungsverschiedenheiten zwischen dem österreichisch eingestellten Großvater Textor und dem zu Preußen neigenden Vater führten zu Spannungen und schließlich zum offenen Bruch innerhalb der Familie. Ohne auf die politischen Fragen selbst einzugehen, trat Goethe, angezogen von der Persönlichkeit Friedrichs, auf die Seite seines Vaters. *Und so war ich denn auch preußisch, oder um richtiger zu reden, Fritzisch gesinnt: denn was ging uns Preußen an.*[23]

Goethes Vater im Jahre 1774. Aquarellminiatur von Georg Friedrich Schmoll.
Gegenüber Kanzler von Müller bekannte Goethe 1830: «Mein Vater war ein tüchtiger Kerl, aber freilich fehlten ihm Gewandtheit und Beweglichkeit des Geistes. Er ließ mich mit meinen Possen gewähren; obgleich altertümlicher gesinnt in religiöser Hinsicht, nahm er doch kein Arg an meinen Spekulationen und Ansichten, sondern erfreute sich seines Sohnes als eines wunderlichen Kauzes.»

In den unmittelbaren Einfluß des Krieges geriet Frankfurt, als die Stadt im Januar 1759 von den mit Österreich verbündeten Franzosen überrumpelt und besetzt wurde. In den unteren Stockwerken des Goetheschen Hauses quartierte sich, für fast zweieinhalb Jahre, der leitende Beamte der französischen Verwaltung, Königsleutnant Thoranc, ein. Trotz mancher Mißhelligkeiten im Verhältnis zu seinem Quartierherrn kam er dessen Sohn mit väterlicher Neigung entgegen. Goethe dankte ihm im Alter durch ein achtungsvolles Porträt in *Dichtung und Wahrheit*. Besonders gedachte er dabei der Kunstliebhaberei des Grafen, der mehrere in niederländischer Manier arbeitende Maler, unter ihnen Johann Konrad Seekatz, mit Aufträgen bedachte. Dadurch daß er die meisten Bilder im Hause ausführen ließ, wurde der Knabe aus nächster Nähe mit dem Erlebniskreis der bildenden Kunst bekannt.

Eine andere Novität, welche die Besetzung Frankfurts für Goethe brachte, war die Anwesenheit einer französischen Schauspieltruppe, deren Aufführungen er regelmäßig besuchen durfte. Als Elfjähriger wurde er nicht nur mit den Stücken Racines und Molières vertraut, sondern kam auch mit der Welt der Schauspieler in Berührung. An sein damals lebendig werdendes Interesse für das Theater, das schon früher durch eine Puppenbühne angeregt worden war, erinnern noch einzelne Szenen in *Wilhelm Meisters Theatralischer Sendung*.

Wohl in die Zeit der Besetzung Frankfurts fallen Goethes erste poetische Versuche. Die Schlußzeilen eines gereimten Neujahrswunsches, den er bereits 1757 seinen Großeltern Textor überreicht hatte, begannen sich zu erfüllen:

> *Dies sind die Erstlinge, die Sie anheut empfangen;*
> *Die Feder wird hinfort mehr Fertigkeit erlangen.*[24]

Mit Leichtigkeit entwarf Goethe dann seit 1759, zum Teil im Wettstreit mit Altersgenossen, zahlreiche Gedichte. An seinem dreizehnten Geburtstag konnte er dem Vater einen Quartband mit eigenen Poesien überreichen. Erhalten hat sich von diesen Versuchen allerdings nicht viel. Nur einige Bruch-

stücke zu *Poetischen Gedanken über die Höllenfahrt Jesu Christi*
und Fragmente eines Dramas, das im Stil der biblischen Ba-
rockschauspiele den Sturz Belsazars, des für seinen Gottesfre-
vel gestraften Königs von Babylon, behandeln sollte, entgin-
gen späterer Autodafés.

Durch seine poetische Gabe kam Goethe auch zum erstenmal in persönliche Verwicklungen, als ihn nämlich eine
Gesellschaft von jungen Leuten zur Abfassung von erdachten
Briefen inspirierte und diese dann, ohne sein Wissen, zu be-
trügerischen Zwecken benutzte. Ein Mädchen dieses Kreises,
von Goethe in *Dichtung und Wahrheit* unter dem Namen Gretchen eingeführt, gewann
die Zuneigung des Vier-
zehnjährigen. Als sie bei einer gerichtlichen Untersu-
chung der Affäre dann allerdings zu Protokoll gab, sie
habe ihn nicht ernst genommen, löste er sich schnell
von ihr: *Ich fand es unerträglich, daß ein Mädchen, höch-
stens ein paar Jahre älter als
ich, mich für ein Kind halten
sollte, der ich doch für einen
ganz gescheiten und geschick-
ten Jungen zu gelten glaubte.*[25] Den Hintergrund für diese aus Er-
lebtem und Erdichtetem kunstvoll verbundene Episode gibt in
*Dichtung und Wahrheit* die Krönung Josephs des Zweiten zum
römisch-deutschen König im April 1764. Die dort bis ins Detail
ausgeführten Schilderungen lassen noch ahnen, wie sehr der
farbenprächtige Ablauf der *politisch-religiösen Feierlichkeit*[26] den
Zuschauenden beeindruckte.

**Daten der Zeitgeschichte 1740–1786**

1740    Friedrich II. wird König in
Preußen
1741–1748    Österreichischer Erb-
folgekrieg
1756–1763    Siebenjähriger Krieg
1764    Krönung Josephs II. zum
römisch-deutschen König
1772    Erste Teilung Polens zwischen
Österreich, Rußland und Preußen
1776    Unabhängigkeitserklärung der
Vereinigten Staaten von Amerika
1778–1779    Bayerischer Erbfolge-
krieg
1786    Tod Friedrichs II.

# Studienjahre

Mit sechzehn Jahren war Goethe für das akademische Studium vorbereitet. Hätte er seiner eigenen Neigung folgen dürfen, so wäre er nach Göttingen gegangen, um sich dort den Altertumswissenschaften zu widmen. Sein Vater bestand jedoch darauf, daß die Universität in Leipzig, die er selbst besucht hatte, gewählt wurde. Nach seinen Plänen sollte der Sohn die Rechte studieren, in Leipzig oder an einer zweiten Hochschule promovieren und einmal die Laufbahn eines Verwaltungsjuristen einschlagen.

Mit dem Gefühl *eines Gefangenen, der seine Ketten abgelöst hat* [27], und mit einem ansehnlichen Jahreswechsel versehen traf Goethe am 3. Oktober 1765 in Leipzig ein. Die Messestadt, geprägt durch eine *kurz vergangene, von Handelstätigkeit, Wohlhabenheit, Reichtum zeugende Epoche* [28] und ganz vom Geist des Rokoko erfüllt, beeindruckte den in reichsstädtischen Begrenzungen Aufgewachsenen. Er ließ sich von den neuen Einflüssen einfangen und wandelte sich zum Schöngeist, der *große Figur* [29] machte.

Auf die anfängliche Begeisterung folgten jedoch Enttäuschungen. Weder die Vorlesungen in der Jurisprudenz noch in den Schönen Wissenschaften konnten Goethe fesseln. Gellert, dessen Kolleg er voll Interesse entgegengesehen hatte, verlor die Achtung des Studenten nicht allein durch eine weinerliche Vortragsweise, sondern auch durch die Tatsache, daß er keines der damals jungen Talente, weder Klopstock noch Wieland oder Lessing, gelten ließ. Gottsched, ehemals der Praeceptor Germaniae, war durch seine Gefallsucht Ziel des öffentlichen Spotts geworden. Zu alledem mußte Goethe die Erfahrung machen, daß seine neuen Bekannten weder seine Parteinahme für den König von Preußen teilen noch seine eigenen Gedichte anerkennen wollten. In einem Brief an einen Frankfurter Freund zeichnete er ein poetisches Bild seiner Ernüchterung, indem er

Goethe im Jahre 1765. Ölbild von Anton Johann Kern.
Der fünfzehnjährige Kunstschüler Kern porträtierte den
um ein Jahr Älteren, kurz bevor dieser zu seinem Studium
nach Leipzig aufbrach. Das Original befand sich in der
Universität Leipzig. Dort ist es 1943 verbrannt.

sich mit einem Wurm verglich, der sich zum Himmel auf-
schwingen möchte:

> *Da sah ich erst, daß mein erhabner Flug,*
> *Wie er mir schien, nichts war als das Bemühn*
> *Des Wurms im Staube, der den Adler sieht,*
> *Zur Sonn sich schwingen und wie der hinauf*
> *Sich sehnt. Er sträubt empor, und windet sich,*

*Und ängstlich spannt er alle Nerven an*
*Und bleibt am Staub. Doch schnell entsteht ein Wind,*
*Der hebt den Staub in Wirbeln auf, den Wurm*
*Erhebt er in den Wirbeln auch. Der glaubt*
*Sich groß, dem Adler gleich, und jauchzet schon*
*Im Taumel. Doch auf einmal zieht der Wind*
*Den Odem ein. Es sinkt der Staub hinab,*
*Mit ihm der Wurm. Jetzt kriecht er wie zuvor.* [30]

Beratung in seinen Unsicherheiten fand Goethe bei dem Hofmeister eines in Leipzig studierenden Grafen, Ernst Wolfgang Behrisch mit Namen. Dieser Mann, den er später einen der *wunderlichsten Käuze, die es auf der Welt geben kann* [31], nennen sollte, verstand es, immer wieder seine *Unruhe und Ungeduld zu zähmen* [32]. Dank eines sicheren Geschmacks wurde Behrisch zugleich der erste, der Goethes poetische Versuche kritisch beurteilte. Von dessen damals im Stile der Anakreontik verfaßten Gedichten ließ er nur wenige gelten, stellte diese aber in einer kalligraphischen Niederschrift, dem Liederbuch *Annette*, zusammen und sorgte so für ihre Erhaltung. Neben Behrisch kamen Goethe besonders zwei Leipziger Künstler, Johann Michael Stock und Adam Friedrich Oeser, entgegen. Bei Stock nahm er Unterricht im Radieren und Kupferstechen, bei Oeser lernte er zeichnen. Oeser, der mit Winckelmann befreundet war, machte ihn mit den Kunstgesinnungen des Klassizismus bekannt und bemühte sich, ihm das *Schnörkel- und Muschelwesen* [33] des Rokoko zu verleiden.

Schließlich brachte Leipzig dem Siebzehnjährigen die erste wirkliche Leidenschaft seines Lebens. In dem Schönkopfschen Weinhaus, wo er seit 1766 seinen Mittagstisch hatte, wurde er mit der Tochter der Wirtsleute, Anna Katharina, genannt Käthchen, *einem gar hübschen netten Mädchen* [34], bekannt und verliebte sich in sie mit dem Ungestüm seines Temperaments. Durch *ungegründete und abgeschmackte Eifersüchteleien* [35] belastete er jedoch das Verhältnis, das zu guter Letzt mit einer freundschaftlichen Trennung endete. In seinem ersten vollendeten Schauspiel, der *Laune des Verliebten*, das der Form und

Die Promenade in Leipzig. Kolorierter Stich von Bergmüller nach einer Zeichnung von Johann August Rosmäsler, 1777. Wegen seiner Eleganz wurde Leipzig vielfach Klein-Paris genannt. Die Promenade zwischen Thomas- und Barfüßerpförtchen war ein beliebter Treffpunkt der jungen Damen und Herren.

dem Inhalt nach auf die Schäferstücke des Rokoko zurückgeht, zeichnete er selbst den Drang seiner Gefühle. Wie es ihm bereits damals zum Bedürfnis wurde, sich durch poetische Gestaltungen von dem, was ihn innerlich bewegte, zu befreien, deutete er später in *Dichtung und Wahrheit* an: *Und so begann diejenige Richtung, von der ich mein ganzes Leben über nicht abweichen konnte, nämlich dasjenige was mich erfreute oder quälte, oder sonst beschäftigte, in ein Bild, ein Gedicht zu verwandeln und darüber mit mir selbst abzuschließen, um sowohl meine Begriffe von den äußern Dingen zu berichtigen, als mich im Innern deshalb zu beruhigen. Die Gabe hierzu war wohl niemand nötiger als mir, den seine Natur immerfort aus einem Extreme in das andere warf. Alles was daher von mir bekannt geworden, sind nur Bruchstücke einer großen Konfession, welche vollständig zu machen dieses Büchlein ein gewagter Versuch ist.*[36]

Am Ende seiner dreijährigen Studienzeit in Leipzig geriet Goethe in eine ernste Krise. Der Wechsel von Zerstreuungen und Studien hatte bei ihm zu einer seelischen Belastung geführt, die sich schließlich in einem physischen Zusammenbruch löste. Ein Blutsturz warf ihn im Juli 1768 so schwer nieder, daß er mehrere Tage *zwischen Leben und Tod*[37] schwankte. *Gleichsam als ein Schiffbrüchiger*[38] kehrte er in seine Vaterstadt zurück. Fast anderthalb Jahre dauerte es dann noch, bis er sich dort vollkommen erholte und die Befürchtung, er habe die Schwindsucht, verlor. Unter dem Einfluß Susanna von Klettenbergs, einer Anhängerin der Herrnhuter Brüdergemeine, die mit seiner Mutter befreundet war, begann er damals, sich intensiv mit mystischen und pietistischen Schriften, darunter Gottfried Arnolds «Kirchen- und Ketzerhistorie», zu befassen.

Besonders war es aber die Persönlichkeit seiner Mentorin, die auf ihn wirkte. Ihr Zuspruch verhalf ihm dazu, sich von seiner Leipziger Unrast zu lösen: *Meine Unruhe, meine Ungeduld, mein Streben, mein Suchen, Forschen, Sinnen und Schwanken legte sie auf ihre Weise aus, und verhehlte mir ihre Überzeugung nicht, sondern versicherte mir unbewunden, das alles komme daher, weil ich keinen versöhnten Gott habe. Nun hatte ich von Jugend auf geglaubt, mit meinem Gott ganz gut zu stehen, ja ich bildete mir, nach mancherlei Erfahrungen, wohl ein, daß er gegen mich sogar im Rest stehen könne, und ich war kühn genug zu glauben, daß ich ihm einiges zu verzeihen hätte. Dieser Dünkel gründete sich auf meinen unendlich guten Willen, dem er, wie mir schien, besser hätte zu Hilfe kommen sollen. Es läßt sich denken, wie oft ich und meine Freundin hierüber in Streit gerieten, der sich doch immer auf die freundlichste Weise und manchmal damit endigte: daß ich ein närrischer Bursche sei, dem man manches nachsehen müsse.*[39]

Neben Susanna von Klettenberg trug ein Arzt, Johann Metz, der viele Erkenntnisse der modernen Homöopathie zu beherrschen schien, nicht nur zum körperlichen, sondern auch zum seelischen Wohl des Genesenden bei. Unter seiner Anleitung vertiefte Goethe sich in die Schriften des Paracelsus, in Wellings «Opus magocabbalisticum et theosophicum» und unternahm selbst alchimistische Versuche. Sein Interesse für die Beobachtung von Naturvorgängen wurde geweckt. Bezeichnend für seine Haltung in dieser Zeit ist ein Brief, den er im Februar 1769 an Friederike Oeser, die Tochter seines Leipziger Zeichenlehrers, richtete: *Meine gegenwärtige Lebensart ist der Philosophie gewidmet. Eingesperrt, allein, Zirkel, Papier, Feder und Tinte, und zwei Bücher, mein ganzes Rüstzeug. Und auf diesem einfachen Wege komme ich in der Erkenntnis der Wahrheit oft so weit, und weiter, als andere mit ihrer Bibliothekarwissenschaft. Ein großer Gelehrter ist selten ein großer Philosoph. Und wer mit Mühe viel Bücher durchblättert hat, verachtet das leichte einfältige Buch der Natur, und es ist doch nichts wahr als was einfältig ist.* [40]

Gegen Ostern 1770 verließ Goethe das Vaterhaus zum zweiten Mal, um in Straßburg, das bei politischer Zugehörigkeit zu Frankreich noch weitgehend deutschsprachig war, sein abgebrochenes Studium zu beenden. Die anderthalb Jahre, die er dort blieb, brachten ihm, wie keine andere Periode seines Lebens, einen Neubeginn in allem, was er tat, erlebte und schrieb. Bereits am Tag seiner Ankunft überwältigte ihn der Anblick des Münsters. Als einer der wenigen seiner Zeit vermochte

Das Münster in Straßburg. Stich aus Goethes Besitz.
Daß Goethe das Münster als ein Werk «deutscher» Baukunst bezeichnete, erklärt sich dadurch, daß er von den zeitlich vorausgehend entstandenen Kathedralen Frankreichs noch wenig erfahren hatte. Der Ausdruck «Gotik» für die französischen wie deutschen Bauten des 12. bis 16. Jahrhunderts insgesamt setzte sich erst mit der Entwicklung der neueren Architekturgeschichte durch.

der Zwanzigjährige die Größe der gotischen Architektur, die damals als ungehobelt galt, zu erkennen. Noch in dem zwei Jahre später niedergeschriebenen Hymnus *Von deutscher Baukunst* hielt er die Stimmung des ersten Eindrucks fest: *Mit welcher unerwarteten Empfindung überraschte mich der Anblick, als ich davor trat! Ein ganzer, großer Eindruck füllte meine Seele, den, weil er aus tausend harmonierenden Einzelheiten bestand, ich wohl schmecken und genießen, keineswegs aber erkennen und erklären konnte. [...] Wie oft hat die Abenddämmerung mein durch forschendes Schauen ermattetes Aug mit freundlicher Ruhe geletzt, wenn durch sie die unzähligen Teile zu ganzen Massen schmolzen, und nun diese, einfach und groß, vor meiner Seele standen, und meine Kraft sich wonnevoll entfaltete, zugleich zu genießen und zu erkennen. Da offenbarte sich mir, in leisen Ahndungen, der Genius des großen Werkmeisters.*[41]

Nach dem Gewahrwerden der Landschaft des *herrlichen Elsaß*[42] war Goethes Leben in Straßburg durch ein intensives Studieren bestimmt. Statt sich allerdings auf die Jurisprudenz zu konzentrieren, zu der ihn keine *innere Richtung drängte*[43], hörte er medizinische und staatswissenschaftliche Vorlesungen. Daneben beschäftigte er sich mit einer Vielfalt von historischen, philosophischen und theologischen Fragen. Die von ihm damals in einem Merkheft festgehaltenen Titel gelesener oder zur Lektüre vorgesehener Bücher reichen von Sokrates und Platon, Paracelsus und Thomas a Kempis bis zu Rousseau und Moses Mendelssohn. An einen Frankfurter Bekannten, der ihn um Ratschläge für sein künftiges Studium gebeten hatte, schrieb er: *Sie gehen auf Akademien; das erste, was Sie finden, sind hundert Leute wie ich. «Er war doch also nicht allein!» denken Sie und gehen weiter, und finden hundert bessere als mich. Sie messen mich nach dem neuen Maßstab, finden allerlei Fehler und dann bin ich verloren. Einen, den man vollkommen gehalten hat, und an Einer Seite mangelhaft findet, beurteilt man nicht leichte mit Billigkeit. [...] Jenen Wissenschaften obliegen, die dem Geist eine gewisse Richte geben, Dinge zu vergleichen, jedes an seinen Platz zu stellen, jedes Wert zu bestimmen, das ists, was wir jetzo zu tun haben. Dabei müssen wir nichts sein, sondern alles werden wollen, und besonders nicht öfter stille ste-*

*hen und ruhen, als die Notdurft eines müden Geistes und Körpers er-*
*fordert.* [44]

Was Goethe in einem solchen Brief einem anderen emp-
fahl, verlangte er auch von sich selbst. Ja, die Aufforderung zur
Selbsterziehung *Wir müssen nichts sein, sondern alles werden wol-*
*len*, die er von hier bis zum *Faust* und zum *Wilhelm Meister*
immer wieder aussprach und fast mit den gleichen Worten
noch 1830 gegenüber Kanzler von Müller wiederholte (*Man*
*muß sich immerfort verändern, erneuern, verjüngen, um nicht zu ver-*
*stocken* [45]), führte in Straßburg zu extremen Bemühungen: Um
ein Gefühl des Schwindels, das ihn manchmal überkam, zu
überwinden, pflegte er bis in die Spitze des Münsterturms zu
steigen; starken Schall, der ihm zuwider war, lernte er ertragen,
indem er beim Zapfenstreich neben den Trommlern herlief;
und in der Anatomie versuchte er, sich trotz eines angeborenen
Ekelgefühls an den *widerwärtigsten Anblick* [46] zu gewöhnen.

Wie in Leipzig fand Goethe auch in Straßburg nahe Freunde. An einem gemeinsamen Mittagstisch kam er mit dem pie-
tistisch eingestellten Schriftsteller und Arzt Jung-Stilling, mit
Jakob Michael Reinhold Lenz und mit dem Theologen Franz
Christian Lerse zusammen. Das für ihn folgenreichste Erlebnis
wurde jedoch die Begegnung mit Herder, den die Notwendigkeit einer Augenoperation gezwungen hatte, in Straßburg eine
Reise für länger zu unterbrechen. Noch später, längst nach
dem Bruch mit dem im Alter gallig werdenden Mann, zeichnete Goethe voll Dank für die Anregungen, die er von ihm erfuhr,
ein Bild der ersten Bekanntschaft: *Die Einwirkung dieses gut-*
*mütigen Polterers war groß und bedeutend. Er hatte fünf Jahre mehr*
*als ich, welches in jüngeren Tagen schon einen großen Unterschied*
*macht; und da ich ihn für das anerkannte was er war, da ich dasje-*
*nige zu schätzen suchte was er schon geleistet hatte, so mußte er eine*
*große Superiorität über mich gewinnen. [...] Da seine Gespräche je-*
*derzeit bedeutend waren, er mochte fragen, antworten oder sich sonst*
*auf eine Weise mitteilen, so mußte er mich zu neuen Ansichten täg-*
*lich, ja stündlich befördern.* [47]

Durch Herder gewann Goethe nicht nur endgültig Abstand von allem Rokokohaften. Herder führte ihn in die antira-

tionalistische, *sibyllinische*[48] Gedankenwelt Hamanns ein; begeisterte ihn für die Unermeßlichkeit Shakespeares; wies ihn auf die ossianischen Dichtungen Macphersons; und öffnete ihm den Blick für die Volkspoesie, die er als *die ältesten Urkunden*[49] dichterischer Gestaltungskraft deutete. *Ich ward mit der Poesie von einer ganz andern Seite, in einem andern Sinne bekannt als bisher, und zwar in einem solchen, der mir sehr zusagte.*[50] Unter Herders Anleitung gewann Goethe die Überzeugung, daß es für Dichter wie für bildende Künstler wichtiger sei, sich von ihren Empfindungen leiten zu lassen, als einem angelernten Wissen oder Können zu vertrauen. Sein ganzes Leben hindurch sollte er an dieser Prämisse festhalten.

Das Gegengewicht zu solchen intellektuellen Anregungen fand Goethe in einer neuen Liebe. Einen Monat nach dem Zusammenkommen mit Herder wurde er in Sesenheim, einer wenige Stunden von Straßburg entfernten Landgemeinde, mit der Familie des Pfarrers Brion bekannt. Die Geschichte seines ersten Rittes von Straßburg her, die Erinnerung an die Be-

Der Pfarrhof in Sesenheim mit Ziehbrunnen, Scheune und Stall. Rötelzeichnung Goethes, 1771

grüßung durch den gastfreien Geistlichen, schließlich die Beschreibung der zwei Töchter des Hauses, das alles gehört zu den poetisch-anschaulichsten Teilen von *Dichtung und Wahrheit*. Die jüngere der beiden Schwestern, Friederike, erschien dem Besucher, als ob *fürwahr an diesem ländlichen Himmel ein allerliebster Stern*[51] aufginge. Bereits nach der ersten Begegnung schrieb Goethe ihr von Straßburg aus. Der Entwurf dieses Briefes vom 15. Oktober 1770 ist das einzige unmittelbare Zeugnis des Verhältnisses, das sich erhalten hat: *Liebe neue Freundin, ich zweifle nicht, Sie so zu nennen, denn wenn ich mich anders nur ein klein wenig auf die Augen verstehe, so fand mein Aug, im ersten Blick, die Hoffnung zu dieser Freundschaft in Ihrem, und für unsre Herzen wollt ich schwören. Sie, zärtlich und gut wie ich Sie kenne, sollten Sie mir, da ich Sie so lieb habe, nicht wieder ein bißchen günstig sein? [...] Gewiß, Mamsell, Straßburg ist mir noch nie so leer vorgekommen als jetzo. Zwar hoff ich, es soll besser werden, wenn die Zeit das Andenken unsrer niedlichen und mutwilligen Lustbarkeiten ein wenig ausgelöscht haben wird. Doch sollte ich das vergessen können oder wollen? Nein, ich will lieber das wenig Herzwehe behalten und oft an Sie schreiben.*[52]

Die unter Herders Antrieb vollzogene Trennung von literarischen Konventionen und die Neigung zu Friederike Brion waren Kräfte, die bei Goethe einen Strom lyrischer Produktionen von bis dahin in der deutschen Sprache kaum bekannter Empfindungsfülle auslösten. Ein als *leidenschaftliches Unternehmen*[53] einmal spät am Tage begonnener Ritt, der ihn erst bei Mondschein in Sesenheim ankommen ließ, wurde der Anlaß zu dem Gedicht *Willkommen und Abschied*. Es entstand das *Mailied*: *Wie herrlich leuchtet mir die Natur*. Im Ton der Gesänge, die er auf Herders Betreiben hin *aus denen Kehlen der ältsten Müttergens aufhaschte*[54], schrieb Goethe das *Heidenröslein*.

Bezeichnend ist es allerdings, daß sich in die idyllische Stimmung von Sesenheim schon nach wenigen Monaten Töne des Zweifelns mischten. Stärker als die verklärende Rückschau in *Dichtung und Wahrheit* zeigt das ein Brief, den Goethe im Frühsommer 1771 aus Sesenheim an den Präses seiner Straßburger Tischgesellschaft sandte: *Der Zustand meines Herzens ist sonderbar. Die angenehmste Gegend, Leute, die mich lieben, ein Zirkel von Freuden! Sind nicht die Träume deiner Kindheit alle erfüllt? frag ich mich manchmal, wenn sich mein Aug in diesem Horizont von Glückseligkeiten herumweidet; sind das nicht die Feengärten, nach denen du dich sehntest? – Sie sind's, sie sind's! Ich fühl es, lieber Freund, und fühle, daß man um kein Haar glücklicher ist, wenn man erlangt, was man wünschte. Die Zugabe! die Zugabe! die uns das Schicksal zu jeder Glückseligkeit drein wiegt! Lieber Freund, es gehört viel Mut dazu, in der Welt nicht mißmutig zu werden. Als Knab pflanzt ich ein Kirschbäumchen im Spielen, es wuchs, und ich hatte die Freude, es blühen zu sehen; ein Maifrost verderbte die Freude mit der Blüte, und ich mußte ein Jahr warten, da wurden sie schön und reif; aber die Vögel hatten den größten Teil gefressen eh ich eine Kirsche versucht hatte; ein ander Jahr warens die Raupen, dann ein genäschiger Nachbar, dann das Mehltau; und doch, wenn ich Meister über einen Garten werde, pflanz ich doch wieder Kirschbäumle; trotz allen Unglücksfällen gibts noch so viel Obst, daß man satt wird.*[55]

Goethes Versuch, sein Studium in Straßburg durch eine Promotion zum Doktor der Rechtswissenschaft abzuschließen, schlug fehl. Eine bereits eingereichte Dissertation über das kirchengeschichtliche Thema *Der Gesetzgeber ist nicht allein berechtigt, sondern verpflichtet, einen gewissen Kultus festzusetzen, von welchem weder die Geistlichkeit noch die Laien sich lossagen dürfen*[56] wurde abgelehnt. In der Arbeit vorgetragene Ansichten wie: die christliche Lehre stamme nicht von Jesus, sondern sei von anderen unter seinem Namen verkündet worden, waren für das juristische Kollegium ein allzu heißes Eisen. Als Ersatz gestattete man Goethe jedoch, sich durch eine einfachere Verteidigung von Thesen um den Grad eines Lizentiaten der Rechte zu bewerben. Die Skala seiner mit Hilfe eines Repetenten ausgewählten Streitsätze reichte vom Naturrecht über das Erbrecht bis zum Strafprozeßverfahren. Zweifelhaft bleibt allerdings, ob Goethe selbst die Prüfung ernst nahm. Schon Zeitgenossen faßten manche seiner Thesen als Gemeinplatz oder als Verspottung der Fakultät auf. Die Disputation in lateinischer Sprache ging denn auch am 6. August 1771 *unter Opposi-*

«Positiones Juris». Titelseite der 56 von Goethe verteidigten Thesen zur Erlangung der Würde eines Lizentiaten der Rechte, gedruckt in Straßburg 1771. In Deutschland wurde das Lizentiat als Äquivalent eines Doktorats angesehen. Goethe war also berechtigt, sich als Dr. juris auszugeben.

tion meiner Tischgenossen, mit großer Lustigkeit, ja Leichtfertigkeit vorüber [57].

Zwei Tage nach der Prüfung suchte Goethe Friederike Brion zum letzten Mal auf, allerdings ohne sie wissen zu lassen, daß er nicht zurückkehren werde. Erst von Frankfurt aus vollzog er die Trennung, als deren Grund er deutlich seine eigene Unsicherheit empfand. Offen bekannte er später: *Die Antwort Friederikens auf einen schriftlichen Abschied zerriß mir das Herz. [...] Ich fühlte nun erst den Verlust, den sie erlitt, und sah keine Möglichkeit ihn zu ersetzen, ja nur ihn zu lindern. Sie war mir ganz gegenwärtig; stets empfand ich, daß sie mir fehlte, und was das Schlimmste war, ich konnte mir mein eignes Unglück nicht verzeihen. Hier war ich zum erstenmal schuldig; ich hatte das schönste Herz in seinem Tiefsten verwundet, und so war die Epoche einer düsteren Reue höchst peinlich, ja unerträglich.* [58]

# Sturm und Drang

Unmittelbar nach seiner Rückkehr aus Straßburg, gerade zweiundzwanzig Jahre alt, wurde Goethe als Anwalt beim Frankfurter Schöffengericht zugelassen. Die Erwartung seines Vaters, er möge sich eine angesehene Praxis schaffen, erfüllte er allerdings nicht. Während der nächsten vier Jahre, die er noch in Frankfurt war, führte er lediglich 28 Prozesse. Er hatte andere Dinge im Sinn, als eine bürgerliche Existenz zu gründen. Noch nichts deutete damals darauf hin, mit welcher Hingabe er sich, nur wenige Jahre später, in Weimar juristischen Fragen widmen sollte.

Die poetischen Arbeiten, die Goethe zunächst aufgriff, standen noch im Schatten der Straßburger Anregungen. Aus Macphersons Dichtungen übersetzte er die düsteren «Gesänge von Selma», die er später in den *Werther* übernahm. Vor allem aber suchte er sich durch die Beschäftigung mit dem Werk Shakespeares *zu höheren, freieren und ebenso wahren als dichterischen Weltansichten und Geistesgenüssen vorzubereiten*[59]. Dieses Bemühen wurde der Anlaß für die Abfassung seines ersten vollständig erhaltenen Prosatextes, der Ansprache *Zum Schäkespears Tag.* Darin bekannte er sich nicht allein zu dem in Deutschland damals noch wenig geachteten Dichter des «Hamlet», sondern formulierte zugleich eine programmatische Erklärung jener *literarischen Revolution*[60], die später den Namen «Sturm und Drang» erhielt. Was er aus Shakespeare herauslas, waren seine und seiner Weggenossen poetische Ziele: Abkehr vom Rokoko-Theater, Bruch mit dem regelgebundenen Drama der Franzosen und ihrer Nachahmer, Herrschaft des Unverkünstelten im Leben wie in der Dichtung. *Mark in den Knochen*[61] zu haben, lautete die Forderung an den einzelnen, und das alles Neue umgreifende Leitwort hieß immer wieder: Natur. Natur bedeutete die Ganzheit des menschlichen Charakters ebenso wie die Einheit des Universums, hieß aber

Goethes Arbeitszimmer in seinem Elternhaus.
Die getuschte und aquarellierte Bleistiftzeichnung,
die nach 1770 entstand, gilt als Selbstbildnis.
Dreispitz und Degen an der Wand deuten auf Goethes
Wanderungen in der Umgebung Frankfurts, die Staffelei
auf seine künstlerischen Interessen.

auch Aufhebung der dualistischen Begriffe von Gut und Böse, Einsicht in ein durch Untergang bezeichnetes Schicksal der Menschen. Oder wie Goethe es bei Shakespeare aufdeckte: *Seine Stücke drehen sich alle um den geheimen Punkt, den noch kein Philosoph gesehen und bestimmt hat, in dem das Eigentümliche unsres Ichs, die prätendierte Freiheit unsres Wollens, mit dem notwendigen Gang des Ganzen zusammenstößt.*[62]

Um solch tragische Konflikte zwischen dem Individuum und dem *notwendigen Gang des Ganzen* näher zu erfassen, griff Goethe bald nach der Shakespeare-Rede selbst zur Behandlung dramatischer Stoffe. Neben dem *philosophischen Heldengeist*[63] Sokrates fesselte ihn die Gestalt des fränkischen Ritters Götz von Berlichingen, Luthers Zeitgenossen, mit dessen Selbstbiographie er seit Straßburg vertraut war: *Mein ganzer Genius liegt auf einem Unternehmen, worüber Homer und Shakespeare und alles vergessen worden. Ich dramatisiere die Geschichte eines der edelsten Deutschen, rette das Andenken eines braven Mannes, und die viele Arbeit, die mich's kostet, macht mir einen wahren Zeitvertreib.*[64]

Indem er versuchte, *alle Stärke*, die er in sich fühlte, auf das *Objekt zu werfen, es zu packen und zu tragen*[65], vollendete Goethe die erste Fassung des *Götz von Berlichingen* gegen Ende des Jahres 1771 in kaum mehr als sechs Wochen. In der Figur des Götz gestaltete er den Protagonisten des «Sturm und Drang», den ganzen Kerl, der einer verweichlichten Gegenwart unter Anwendung des Faustrechts entgegentritt. Der Bruch mit dem klassizistischen Drama war mit diesem Stück, das neunundfünfzig Szenenwechsel hat und weder die Einheit der Zeit noch des Orts kennt, endgültig vollzogen.

Wen du nicht verläßest, Genius
Nicht der Regen nicht der Sturm
Haucht ihm Schauer übers Herz.
Wen du nicht verläßest, Genius,
Wird dem Regengewölk
Wird dem Schloßensturm
Entgegen singen
Wie die Lerche
Du dadroben.

Wandrers Sturmlied, erste Strophe

Der literarischen Verklärung des Geniemäßigen entsprach Goethes Lebensstil. Er kümmerte sich wenig um die bürgerlichen Gepflogenheiten seines Elternhauses; mußte als Anwalt Rügen des Gerichtshofes wegen seiner «unanständi-

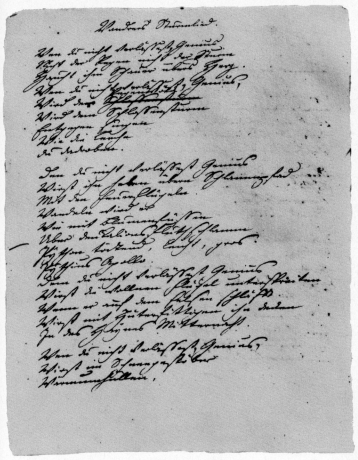

Wandrers Sturmlied, entstanden im April 1772.
Goethes Handschrift

gen, nur zur Verbitterung der Gemüter ausschlagenden Schreibart»[66] einstecken; machte sich in Farcen und Parodien über angesehene Autoren ebenso wie über seine eigenen Freunde lustig; befaßte sich mit alchimistischen Versuchen und suchte Umgang in den literarisch aufgeschlossenen Zirkeln Frankfurts und seiner Nachbarorte: *Ich gewöhnte mich, auf der Straße zu leben, und wie ein Bote zwischen dem Gebirg und dem*

*flachen Lande hin und her zu wandern. Oft ging ich allein oder in Ge-*
*sellschaft durch meine Vaterstadt, als wenn sie mich nichts anginge.*
*[…] Mehr als jemals war ich gegen offene Welt und freie Natur ge-*
*richtet. Unterwegs sang ich mir seltsame Hymnen und Dithyram-*
*ben, wovon noch eine, unter dem Titel Wandrers Sturmlied, übrig ist.*
*Ich sang diesen Halbunsinn leidenschaftlich vor mich hin, da mich*
*ein schreckliches Wetter unterwegs traf, dem ich entgegen gehen*
*mußte.*[67]

In dieser Zeit trat Goethe in engere Beziehungen zu dem
Kreis der Empfindsamen in Darmstadt, der sich «Gemeinschaft der Heiligen» nannte und zu dem Herders Verlobte Caroline Flachsland sowie der hessische Kriegsrat Johann Heinrich Merck gehörten. Merck, ein schalkhafter, *grillenkranker*
Mann, dem allerdings *treffend und scharf zu urteilen gegeben
war*[68], übernahm bald die bis dahin von Herder eingenomme-
ne Rolle als kritischer Mentor Goethes. Für das von ihm her-
ausgegebene Rezensionsjournal «Frankfurter Gelehrte Anzei-
gen» verfaßte Goethe eine Reihe von Beiträgen.

Auf Vorschlag seines Vaters ging Goethe im Mai 1772 nach
Wetzlar, um als Praktikant am Reichskammergericht, der ober-
sten Schlichtungsinstanz der Reichsstände, seine juristischen
Kenntnisse zu erweitern. Er selbst sah in der Ortsveränderung
eine Möglichkeit, mehr noch als in Frankfurt seinen inneren
Neigungen zu leben. In einem Brief an Herder zeichnete er ein
Bild seiner Lebensweise: *Seit ich nichts von Euch gehört habe, sind
die Griechen mein einzig Studium. Zuerst schränkt' ich mich auf den
Homer ein, dann um den Sokrates forscht' ich in Xenophon und Plato.
[…] Zuletzt zog mich was an Pindarn, wo ich noch hänge. Auch hat
mir endlich der gute Geist den Grund meines spechtischen Wesens
entdeckt. Über den Worten Pindars* επικρατειν δυνασθαι *[Herr
werden können] ist mir's aufgegangen. Wenn du kühn im Wagen
stehst, und vier neue Pferde wild unordentlich sich an deinen Zügeln
bäumen, du ihre Kraft lenkst, den austretenden herbei, den aufbäu-
menden hinabpeitschest, und jagst und lenkst, und wendest, peit-
schest, hältst, und wieder ausjagst, bis alle sechzehn Füße in einem
Takt ans Ziel tragen – das ist Meisterschaft,* επικρατειν, *[beherr-
schen], Virtuosität.*[69]

Welchen Eindruck der Dreiundzwanzigjährige im persönlichen Umgang machte, hält ein zeitgenössischer Bericht fest: «Er hat sehr viel Talente, ist ein wahres Genie und ein Mensch von Charakter; besitzt eine außerordentlich lebhafte Einbildungskraft, daher er sich meistens in Bildern und Gleichnissen ausdrückt. [...] Seine Denkungsart ist edel, von Vorurteilen frei, handelt er, wie es ihm einfällt, ohne sich darum zu bekümmern, ob es andern gefällt. In principiis ist er noch nicht fest, und strebt noch erst nach einem gewissen System. Er hält sehr viel von Rousseau, ist jedoch nicht ein blinder Anbeter von demselben. [...] Er haßt den Scepticismum, strebt nach Wahrheit und nach Determinierung über gewisse Hauptmaterien, glaubt auch schon über die wichtigsten determiniert zu sein; soviel ich aber gemerkt, ist er es noch nicht. Er strebt nach Wahrheit, hält jedoch mehr vom Gefühl derselben als von ihrer Demonstration.»[70]

Mit dem Verfasser dieser Charakteristik, dem bremischen Gesandtschaftssekretär Johann Christian Kestner, und mit dessen Verlobter Charlotte Buff verband Goethe bald nach seiner Ankunft in Wetzlar eine herzliche Freundschaft. Trotz eines

Charlotte Buff als Siebzehnjährige, getuschte Silhouette.
Goethe erhielt die Silhouette im Oktober 1772, etwa einen Monat nachdem er ohne Abschied von Lotte und Kestner aus Wetzlar abgereist war. Die Unterschrift «Lotte gute Nacht» ist auf den 17. Juli 1774 datiert. Zu dieser Zeit waren Lotte und Kestner schon fast ein Jahr verheiratet; die «Leiden des jungen Werthers» hatte Goethe kurz zuvor abgeschlossen. 1816 kam Lotte als Hofrätin Kestner aus Hannover anläßlich eines Verwandtenbesuchs nach Weimar, traf auch mit Goethe zusammen. Thomas Mann gestaltete aus dieser Begegnung den Roman «Lotte in Weimar». Das Original der Silhouette ist seit Ende des Zweiten Weltkriegs verschollen.

fast grenzenlosen Vertrauens, das sich alle Seiten entgegenbrachten, führte das Verhältnis jedoch zu Spannungen. Goethes Empfindungen für Lotte steigerten sich zur Leidenschaft. Auf Mercks Rat hin beschloß er deshalb bereits im September, nach kaum mehr als drei Monaten in Wetzlar, *sich freiwillig zu entfernen*, ehe er *durch das Unerträgliche vertrieben würde*[71]. Über Ehrenbreitstein, wo er mit Merck, der Dichterin Sophie von La Roche und deren ihm sogleich sympathischer Tochter Maximiliane zusammentraf, kam er in seine Vaterstadt zurück.

Nach den noch immer schmerzhaften Erinnerungen an Lotte Buff schufen hier Veränderungen in seiner nächsten Umgebung neue Konflikte. Seine Schwester heiratete den Juristen Johann Georg Schlosser, seinen Freund, und ging mit ihm nach Emmendingen ins Badische. Maximiliane von La Roche zog als Frau des Kaufmanns Peter Brentano nach Frankfurt, aber freundschaftliche Beziehungen zu ihr wurden durch Eifersuchtsszenen ihres Mannes unmöglich. Charlotte Buff und Kestner ließen sich 1773 trauen, ohne es Goethe, wie zugesagt, mitzuteilen. Zu diesen Bedrückungen kam die Nachricht, daß sich ein entfernter Bekannter von Wetzlar her, Jerusalem mit Namen, aus unglücklicher Liebe zu der Gattin eines Freundes das Leben genommen habe. Das wurde der letzte Anstoß zur Konzeption der *Leiden des jungen Werthers* gegen Anfang des Jahres 1774: *Jerusalems Tod [...] schüttelte mich aus dem Traum, und weil ich nicht bloß mit Beschaulichkeit das, was ihm und mir begegnet, betrachtete, sondern das Ähnliche, was mir im Augenblicke selbst widerfuhr, mich in leidenschaftliche Bewegung setzte, so konnte es nicht fehlen, daß ich jener Produktion, die ich eben unternahm, alle die Glut einhauchte, welche keine Unterscheidung zwischen dem Dichterischen und dem Wirklichen zuläßt. Ich hatte mich äußerlich völlig isoliert, ja die Besuche meiner Freunde verbeten und so legte ich auch innerlich alles beiseite, was nicht unmittelbar hierher gehörte. [...] Unter solchen Umständen schrieb ich den Werther in vier Wochen, ohne daß ein Schema des Ganzen, oder die Behandlung eines Teils irgend vorher wäre zu Papier gebracht gewesen.*[72]

Zur Herbstmesse 1774 erschienen *Die Leiden des jungen Werthers*, in der Form eines Briefromans, dann im Druck. Die

Aufnahme durch das gebildete Publikum der Zeit wurde ein Ereignis, das einmalig in der deutschen Literaturgeschichte ist. Schon bald nachdem der Band von gerade zweihundert Seiten herauskam, war er vergriffen. Nachdrucke folgten, dann auch von Goethe nicht autorisierte Raubdrucke. Junge Leute lasen das Buch mit Tränen in den Augen und gaben es von Hand zu Hand. Manche kleideten sich wie die Protagonisten des Romans, Werther und Lotte. In Deutschland, dann auch in anderen Ländern, war er für einige Zeit das am besten bekannte Buch nach der Bibel. Fälle von Selbstmord wurden mit ihm in Verbindung gebracht. Man sprach von einem «Wertherfieber».

Wodurch erklärt sich die gewaltige Wirkung dieser Geschichte eines jungen Mannes, der, wie Goethe damals in einem Brief schrieb, *mit einer tiefen reinen Empfindung und wahrer Penetration begabt, sich in schwärmende Träume verliert, sich durch Spekulation untergräbt, bis er zuletzt durch dazutretende unglückliche Leidenschaften, besonders eine endlose Liebe zerrüttet, sich eine Kugel vor den Kopf schießt* [73]?

Zu den Gründen, die Goethe selbst zur Deutung des Phänomens vorbrachte, gehörten die sentimental-pessimistische Zeitströmung im dritten Viertel des 18. Jahrhunderts, Einflüsse der englischen Literatur mit Edward Youngs düster-schwermütigen «Night Thoughts on Life, Death, and Immortality» und Sternes empfindsamen Reisebildern, nicht zuletzt die Naturschwärmerei Rousseaus, kurz, die Stimmung einer Generation, die von *unbefriedigten Leidenschaften gepeinigt, von außen zu bedeutenden Handlungen keineswegs angeregt, in der einzigen Aussicht, in einem schleppenden, geistlosen bürgerlichen Leben hinhalten zu müssen, einem kranken jugendlichen Wahn* offen war. [74] Der Selbstmord, bis dahin als eine unerhörte Handlung angesehen, von Werther aber mit der später durch Kierkegaard aufgenommenen Wendung als *Krankheit zum Tode* [75] entschuldigt, konnte Verständnis, ja Mitleid wecken. Die Kritik an den sozialen Verhältnissen, Werthers negative Einstellung zu Beruf und Gesellschaft beförderten noch die weltschmerzlerische Stimmung. Aber das Buch, das so fast wider Goethes Absicht zum

Symbol des Protestes gegen die herrschenden Autoritäten wurde, bedeutete mehr als nur ein zeitgenössisches Ereignis. Wie beim *Götz von Berlichingen* offenbarte sich auch hier der in der Shakespeare-Rede angekündigte Zusammenstoß des Individuums mit dem *notwendigen Gang des Ganzen*[76]: das Mißverhältnis zwischen dem seelenhaften, gotterfüllten Menschen und der Welt führt zu seinem Untergang; er zerbricht ohne Schuld an der Überfülle seiner Empfindungen und damit an seinem ureigensten Wesen.

Die in den *Leiden des jungen Werthers* enthaltenen Elemente des Widerspruchs veranlaßten auch eine Vielfalt von kritischen Reaktionen. Vertreter des aufgeklärten Bürgertums, der orthodoxen Geistlichkeit und konservative Obrigkeiten erkannten die anarchischen Kräfte des Buches. Man sah in der Gestalt Werthers den Außenseiter, einen Kranken, dessen destruktive Haltung für die etablierte Gesellschaft eine Bedrohung darstellte. Es ergaben sich Zurückweisungen und Gegenschriften. Ein Verbot des Vertriebs in Leipzig, dem Zentrum des deutschen Buchhandels, folgte mit der Begründung, die Schrift bedeute eine Apologie des Selbstmords. Wohl die stärkste Wirkung hatte eine Reihe von Parodien, darunter Nicolais «Leiden und Freuden Werthers des Mannes», auf die Goethe wiederum mit dem Spottgedicht *Nicolai auf Werthers Grabe* antwortete.

Angesichts all dieser zustimmenden wie ablehnenden Reaktionen wurde Goethe, erst fünfundzwanzig Jahre alt, einer der bekanntesten Autoren Deutschlands. Viele Zeitgenossen kamen ihm entgegen. Gottfried August Bürger, schon als Dichter der «Lenore» bekannt, die Brüder Christian und Friedrich Leopold zu Stolberg, Heinrich Christian Boie traten mit ihm in Verbindung. Klopstock suchte ihn in Frankfurt auf, glaubte sogar, in ihm einen Jünger gefunden zu haben. Lavater, der Zürcher Geistliche und Prophet einer übersteigerten Kultur der Empfindsamkeit, bemühte sich um seine Freundschaft. Mit ihm und dem pädagogischen Reformer Basedow unternahm Goethe im Sommer 1774 eine Reise auf der Lahn und dem Rhein. In Düsseldorf wurde er von Friedrich Heinrich Jacobi gefeiert: «Goethe ist Genie vom Scheitel bis zur Fußsohle; ein

Goethe im Alter von 24 Jahren. Ölminiatur des
Frankfurter Malers Johann Daniel Bager.
Das Bild entstand auf Anregung Lavaters zur Auf-
nahme in dessen «Physiognomischen Fragmenten».
Auf Lavaters Wunsch hin saß Goethe dem Maler in
glatt gekämmtem, gepudertem Haar.

Besessener, füge ich hinzu, dem fast in keinem Falle gestattet
ist, willkürlich zu handeln.»[77]

Während sich die literarische Jugend, nicht zuletzt unter
dem Eindruck des *Werther*, noch der Stimmung des Welt-
schmerzes hingab, versuchte Goethe selbst bereits, diese Gefühle durch eine Intensivierung seiner dichterischen Produkti-
vität zu überwinden. Kaum eine andere Zeit in seinem Leben ist
durch die Genese einer solchen Fülle von dichterischen Ent-
würfen gekennzeichnet wie seine letzten Frankfurter Jahre. Es
gab für ihn, der damals von sich bekannte: *wenn ich nicht Dramas schriebe, ich ging zu Grund* [78], kaum ein inneres oder äußeres
Erlebnis, das sich nicht leicht zu einer poetischen Gestaltung

verdichtete. *Mein produktives Talent [...] verließ mich seit einigen Jahren keinen Augenblick; was ich wachend am Tage gewahr wurde, bildete sich sogar öfters nachts in regelmäßige Träume, und wie ich die Augen auftat, erschien mir entweder ein wunderliches neues Ganze, oder der Teil eines schon Vorhandenen. Gewöhnlich schrieb ich alles zur frühsten Tageszeit; aber auch abends, ja tief in die Nacht, wenn Wein und Geselligkeit die Lebensgeister erhöhten, konnte man von mir fordern was man wollte; es kam nur auf eine Gelegenheit an, die einigen Charakter hatte, so war ich bereit und fertig.*[79]

Vieles in den Jahren 1773 bis 1775 Erdachte mag Goethe nie zu Papier gebracht haben, manches ließ er in seine bewegten Briefe jener Zeit fließen, manches hielt er in Oden, Hymnen und Liedern, aber auch in dramatischen Skizzen von großer Vielfalt des Inhalts und der Form fest. Wie viele Entwürfe entstanden, wie viele verlorengingen, weiß man nicht. Zahlreiche angefangene Arbeiten, darunter Pläne zu einer Cäsar-Tragödie, übergab Goethe den Flammen. Eines seiner ambitiösesten Projekte, das Drama *Prometheus*, an dessen Konzeption noch die trotzige Ode *Bedecke deinen Himmel, Zeus* erinnert, blieb Fragment. Eine Reihe von Szenen zum *Faust* entstand, wuchs aber nicht zu einem Ganzen zusammen. Nur einige kleinere Stücke, darunter das *Concerto dramatico*, das Knittelversdrama vom *Jahrmarktsfest zu Plundersweilern*, die in einem Geist der Streitlust konzipierte Farce *Götter, Helden und Wieland* sowie die beiden Singspiele *Erwin und Elmire* und *Claudine von Villa Bella* wurden vollendet.

Die Jahre vor und nach dem Erscheinen des *Werther* waren für Goethe zudem eine Periode, in der er sich um die Klärung religiöser Fragen bemühte. Spiegel dieser Auseinandersetzungen ist eine kleine, anonym erschienene Schrift, der *Brief des Pastors zu \*\*\* an den neuen Pastor zu \*\*\**. Unter der Maske eines lutherischen Landgeistlichen äußerte Goethe darin seine Gedanken zu theologischen Strömungen der Zeit; lehnte Dogmatismus, Orthodoxie und Rationalismus ab; bekannte sich zu einem Gefühlschristentum pietistischer Prägung und insbesondere, sechs Jahre vor Lessings «Nathan», zur Toleranz ohne Gleichgültigkeit. Schloß er sich in Inhalt und Form des Traktats auch noch Anregungen Rousseaus, Hamanns und Herders an, beschritt er doch in manchem ganz eigene Wege, so in seiner Stellung zur christlichen Kirche. Indem er seinen Pastor sagen ließ: *Es war nie eine sichtbare Kirche auf Erden*[80], erneuerte er ein Thema aus der ihm seit seinem Umgang mit Susanna von Klettenberg vertrauten «Kirchen- und Ketzerhistorie» Gottfried Arnolds, nämlich daß die christliche Lehre sich nur im ersten Jahrhundert ihres Bestehens rein erhalten, danach aber immer mehr verweltlicht und vom Geiste ihres Gründers entfernt habe. Wie weit Goethe mit solcher Kritik zu gehen wagte, deutet der *Brief des Pastors* allerdings nur an. Mehr läßt das 1774 entstandene, aber erst postum gedruckte Fragment vom *Ewigen Juden* erkennen: Statt nur das Idealbild einer unsichtbaren Gemeinde zu entwerfen, werden dort die kirchlichen Institutionen einer sarkastischen Kritik unterworfen.

Das letzte Frankfurter Jahr Goethes, 1775, brachte für ihn eine neue leidenschaftliche Liebe. Seine Bekanntschaft mit Lili Schönemann, der sechzehnjährigen Tochter eines Frankfurter Handelsherren, ließ ihn eine der *glücklichsten*[81] Zeiten seines Lebens erfahren. Das Verhältnis führte bis zur regelrechten Verlobung. Aber verschiedene Lebensweisen und Religionsbekenntnisse – Lilis Familie gehörte der reformierten Gemeinde an – sowie der Mangel eines Einverständnisses zwischen den beiderseitigen Eltern gaben Anlaß zu Spannungen. Vor allem schwankte Goethe selbst zwischen der Liebe zu Lili und dem Gefühl, daß er in der Festlegung auf eine Existenz von *häuslicher Glückseligkeit*[82] kaum Befriedigung finden würde. In Briefen an die jüngere Schwester der beiden Grafen Stolberg, Auguste, die nach dem Erscheinen des *Werther* eine schwärmerische Korrespondenz mit ihm begonnen hatte, seine *im Herzen wohlgekannte, mit Augen nie gesehene, teure Freundin*[83], zeichnete er im Februar 1775 ein Bild seines *Doppellebens: Wenn Sie sich, meine Liebe, einen Goethe vorstellen können, der im galonierten Rock, umleuchtet vom unbedeutenden Prachtglanze der Wandleuchter und Kronenleuchter, mitten unter allerlei Leuten, von ein Paar schönen Augen am Spieltische gehalten wird, der in abwechselnder Zerstreuung aus der Gesellschaft ins Konzert, und von da auf den Ball getrie-*

Elisabeth von Türckheim geb. Schönemann, Goethes Lili, im Alter von 24 Jahren. Pastellgemälde von Franz Bernhard Frey.
Drei Jahre nach Goethes Lösung des Verlöbnisses mit ihr heiratete Lili den Straßburger Bankier Bernhard von Türckheim. Goethe besuchte das Ehepaar 1779 in Straßburg auf dem Weg zu seinem zweiten Aufenthalt in der Schweiz.

ben wird, und mit allem Interesse des Leichtsinns einer niedlichen Blondine den Hof macht; so haben Sie den gegenwärtigen Fastnachts Goethe. [...] Aber nun gibts noch einen, der im grauen Biberfrack mit dem braunseidnen Halstuch und Stiefeln, der in der streichenden Februarluft schon den Frühling ahndet, dem nun bald seine liebe weite Welt wieder geöffnet wird, der immer in sich lebend, strebend und arbeitend, bald die unschuldigen Gefühle der Jugend in kleinen Gedichten, das kräftige Gewürze des Lebens in mancherlei Dramas [...] auszudrücken sucht. Das ist der, dem Sie nicht aus dem Sinne kommen,

*der auf einmal am frühen Morgen einen Beruf fühlt, Ihnen zu schrei-*
*ben, dessen größte Glückseligkeit ist, mit den besten Menschen seiner*
*Zeit zu leben.*[84]

Im Frühsommer 1775 erschien es Goethe dann manchmal
doch *so, als wenn die Zwirnsfäden, an denen mein Schicksal hängt,*
*und die ich schon so lange in rotierender Oszillation auf- und zutrille,*
*sich endlich knüpfen wollten*[85]. Um eine Probe zu machen, ob er
*Lili entbehren könne*[86], nahm er eine Einladung der Brüder Stolberg an, sie auf einer «Geniereise» in die Schweiz zu begleiten.
Wie auch später noch mehrfach in seinem Leben versuchte er,
eine seelische Krise durch eine räumliche Trennung zu bewältigen. In «Werthertracht» zog er mit den Stolbergs bis Zürich,
von dort in die Innerschweiz. Als er auf dem Sankt-Gotthard-
Paß vor der Wahl stand, nach Italien weiterzureisen oder in die
Heimat zurückzukehren, gab die Erinnerung an Lili noch einmal den Ausschlag. In Frankfurt befand er sich jedoch abermals in der *unseligsten aller Lagen*[87]. In dem Schauspiel *Stella*
ließ er einen der Charaktere, wohl nicht ohne einen Blick auf
seine eigene Situation, sagen: *Ich muß fort! – ich wär ein Tor, mich*
*fesseln zu lassen! Dieser Zustand erstickt alle meine Kräfte, dieser Zu-*
*stand raubt mir allen Mut der Seele; er engt mich ein! – Was liegt*
*nicht alles in mir? Was könnte sich nicht alles entwickeln? – Ich muß*
*fort – in die freie Welt!*[88]

Ein Anstoß von außen half Goethe, die Trennung tatsäch-
lich zu vollziehen. Schon im Dezember 1774 hatte er den Erb-
prinzen Carl August von Sachsen-Weimar-Eisenach kennen-
gelernt und in Mainz einige Tage in seiner Gesellschaft verbracht. Als dieser im Herbst des nächsten Jahres aus Anlaß
seiner Vermählung mit der Prinzessin Luise von Hessen-Darm-
stadt abermals durch Frankfurt kam, lud er Goethe ein, für einige Zeit nach Weimar zu kommen. Goethe nahm an.

Komplikationen ergaben sich, als der herzogliche Kam-
merjunker, der Goethe Anfang Oktober in Frankfurt abholen
sollte, ohne Erklärung ausblieb. Vom Warten *innerlich zerarbei-*
*tet*[89], ließ Goethe sich von seinem Vater überreden, statt nach
Weimar zu gehen, eine schon längst ersehnte Bildungsreise
nach Italien anzutreten. Am 30. Oktober 1775 brach er von

«Scheide Blick nach Italien vom Gotthard, d. 22. Juni 1775».
Bleistift- und Tuschzeichnung Goethes.
Goethe fertigte die Zeichnung auf der Höhe des Sankt
Gotthard an, ehe er sich nach Deutschland zurückwandte.
Die zweite Person ist sein Reisebegleiter Jakob Passavant.

Frankfurt aus auf. Als ihn dann aber in Heidelberg doch noch
eine nachgesandte, die Verzögerungen des Emissärs erklärende Nachricht erreichte, änderte er seine Pläne erneut und fuhr
nach Weimar. Im Schlußabschnitt von *Dichtung und Wahrheit*
brachte er diese Situation in Verbindung mit dem Walten des
*Dämonischen*, einer geheimnisvollen Macht, die sich der mora-
lischen Weltordnung, wo *nicht entgegensetzt, doch sie durch-
kreuzt* [90] und gegen die *alle vereinten sittlichen Kräfte nichts ver-
mögen* [91]. Ein Zitat aus dem *Egmont*, an dem er während der
Wartezeit in Frankfurt geschrieben hatte und in dem sich
ebenfalls jenes *Dämonische* ausdrücken soll, steht am Ende seiner Jugendgeschichte: *Kind, Kind! nicht weiter! Wie von unsicht-*

*baren Geistern gepeitscht, gehen die Sonnenpferde der Zeit mit unsers Schicksals leichtem Wagen durch, und uns bleibt nichts als, mutig gefaßt, die Zügel festzuhalten, und bald rechts, bald links, vom Steine hier, vom Sturze da, die Räder wegzulenken. Wohin es geht, wer weiß es? Erinnert er sich doch kaum, woher er kam.[92]*

Die Betrachtungen in *Dichtung und Wahrheit* sind jedoch zum guten Teil Reflexionen des alten Goethe. Dem Sechsundzwanzigjährigen, der an jenem Oktobertag seine Vaterstadt für immer verließ, war der Begriff des *Dämonischen* noch fremd. Wohl aber war er sich des *Ahndungsvollen* seiner Situation bewußt. Das zeigt das Fragment eines Reisetagebuchs, das er wenige Stunden nach der Abreise in Eberstadt an der Bergstraße begann: *Bittet, daß eure Flucht nicht geschehe im Winter, noch am Sabbath, ließ mir mein Vater zur Abschiedswarnung auf die Zukunft noch aus dem Bette sagen! Diesmal, rief ich aus, ist nun ohne mein Bitten Montag morgens sechse, und was das übrige betrifft, so fragt das liebe unsichtbare Ding, das mich leitet und schult, nicht ob und wann ich mag. Ich packte für Norden und ziehe nach Süden; ich sagte zu und komme nicht, ich sagte ab und komme! – Lili, adieu Lili, zum zweitenmal! Das erstemal schied ich noch hoffnungsvoll unsere Schicksale zu verbinden! Es hat sich entschieden – wir müssen einzeln unsre Rollen ausspielen. Mir ist in dem Augenblick weder bange für dich noch für mich, so verworren es aussieht! – Adieu.[93]*

# Das erste Jahrzehnt in Weimar

Am 7. November 1775 kam Goethe nach Weimar, damals eine Landstadt von kaum mehr als sechstausend Einwohnern, Residenz des ebenso kleinen wie armen Herzogtums Sachsen-Weimar-Eisenach. Sowohl die Stadt selbst als auch das Land standen weitgehend unter dem Eindruck der Persönlichkeit Herzogin Anna Amalias, die hier nach dem frühen Tod ihres Gemahls siebzehn Jahre lang mit Umsicht regiert hatte. Goethe nannte sie später eine *vollkommene Fürstin mit vollkommen menschlichem Sinne*[94]. Trotz der durch den Siebenjährigen Krieg hier wie überall in Deutschland bedingten Unsicherheit und trotz der beschränkten Mittel war es ihr gelungen, in ihrer Umgebung Künste und Wissenschaften vielfältig zu fördern. Zu den Mitgliedern des so geschaffenen «Musenhofs» gehörten Wieland, der Verfasser des «Agathon» und Herausgeber

Weimar von der Ostseite. Ölbild von Georg Melchior Kraus

des «Teutschen Merkur», den sie zum Mentor ihrer beiden Söhne berufen hatte; die als Gelegenheitsdichter und Komponisten hervorgetretenen Kammerherren von Einsiedel und von Seckendorff; der belesene Prinzenerzieher von Knebel; der als Professor am Gymnasium tätige «Märchenvater» Musäus und der Verleger Bertuch. Mit einer solchen *Versammlung vorzüglicher Männer* hatte Anna Amalia, nach Goethes Worten, *alles dasjenige begründet, was später für dieses besondere Land, ja für das ganze deutsche Vaterland, so lebhaft und bedeutend wirkte*[95].

Im September 1775 war Anna Amalias ältester Sohn Carl August volljährig geworden und ihr in der Regierung gefolgt. Nach mehr als fünfzig Jahren erinnerte Goethe sich noch in einem Gespräch mit Eckermann an den Eindruck, den der junge Fürst auf ihn gemacht hatte: *Er war achtzehn Jahre alt, als ich nach Weimar kam; aber schon damals zeigten seine Keime und Knospen, was einst der Baum sein würde. Er schloß sich bald auf das innigste an mich an und nahm an allem, was ich trieb, gründlichen Anteil. Daß ich fast zehn Jahre älter war als er, kam unserm Verhältnis zugute. Er saß ganze Abende bei mir in tiefen Gesprächen über Gegenstände der Kunst und Natur und was sonst allerlei Gutes vorkam. [...] Er war wie ein edler Wein, aber noch in gewaltiger Gärung. Er wußte mit seinen Kräften nicht wohinaus, und wir waren oft sehr nahe am Halsbrechen. Auf Parforcepferden über Hecken, Gräben und durch Flüsse und bergauf bergein sich tagelang abarbeiten und dann nachts unter freiem Himmel kampieren, etwa bei einem Feuer im Walde: das war nach seinem Sinne. Ein Herzogtum geerbt zu haben, war ihm nichts, aber hätte er sich eins erringen, erjagen und erstürmen können, das wäre ihm etwas gewesen.*[96]

Bezeichnend ist es, daß diese Charakteristik des Herzogs nur in einer Aufzeichnung Eckermanns überliefert ist. Die geplante Fortsetzung von *Dichtung und Wahrheit*, in der Goethe über seine ersten Weimarer Jahre berichten wollte, kam trotz wiederholter Vorstellungen seiner Freunde nicht zustande. Er selbst meinte im Alter, diese Zeit ließe sich allein *im Gewande der Fabel oder eines Märchens darstellen; als wirkliche Tatsache würde die Welt es nimmermehr glauben*[97]. Nur aus Briefen und Mitteilungen von Zeitgenossen können wir deshalb ermessen,

Carl August,
1775 Herzog, seit 1815
Großherzog von Sachsen-
Weimar-Eisenach.
Pastellgemälde von Johann
Heinrich Schröder, 1784.
Goethe nannte Carl August
einen «der größten Fürsten, die
Deutschland je besessen».

wie damals der für seine spätere Existenz so folgenreiche Entschluß, für länger am Hofe Carl Augusts zu wirken, in ihm reif wurde. Anfänglich trug sicher der Wunsch, nach seinem bisherigen, fast unbeschränkt freien Leben konkrete Aufgaben zu übernehmen, dazu bei. Nachdem er in den ersten Wochen seines Weimarer Aufenthaltes noch vielfach an den geräuschvollen Zerstreuungen des Herzogs teilgenommen hatte, schrieb er bereits im Februar 1776 an eine Frankfurter Vertraute: *Ich werd auch wohl dableiben und meine Rolle so gut spielen als ich kann und so lang als mir's und dem Schicksal beliebt. Wär's auch nur auf ein paar Jahre, ist es doch immer besser als das untätige Leben zu Hause, wo ich mit der größten Lust nichts tun kann. Hier hab ich doch ein paar Herzogtümer vor mir. Jetzt bin ich dran, das Land nur kennen zu lernen, das macht mir schon viel Spaß.*[98] Aus den *paar Jahren*, von denen Goethe hier sprach, wurde ein ganzes Leben. 1832 starb er in Weimar, nach 57 Jahren als Bürger der Stadt.

Im Juni 1776 trat er als Geheimer Legationsrat offiziell in den Weimarischen Staatsdienst ein. Mehr für den Weitblick Carl Augusts als für die ihm gelegentlich vorgeworfene Beschränktheit spricht eine Stellungnahme gegenüber seinem bisherigen Ratgeber von Fritsch, der sich der Berufung Goethes widersetzt hatte: «Einen Mann von Genie nicht an dem Ort gebrauchen, wo er seine außerordentlichen Talente gebrauchen kann, heißt denselben mißbrauchen. [...] Was das Urteil der Welt betrifft, welche mißbilligen würde, daß ich den Dr. Goethe in mein wichtigstes Collegium setze, ohne daß er zuvor weder Amtmann, Professor, Kammer- oder Regierungsrat war, dieses verändert gar nichts. Die Welt urteilt nach Vorurteil, ich aber und jeder der seine Pflicht tun will, arbeitet nicht um Ruhm zu erlangen, sondern um sich vor Gott und seinem eigenen Gewissen rechtfertigen zu können.»[99]

Goethes Stellung im «Geheimen Conseil», dem außer dem Herzog noch die Räte von Fritsch und Schnauß angehörten, brachte ihn bald in Berührung mit fast sämtlichen Vorkommnissen der Staatsverwaltung. Der Bogen der von ihm übernommenen Pflichten spannte sich von Einzelaufgaben wie der Ausarbeitung von Feuerverhütungsvorschriften bis zu Relationen zwischen den benachbarten Höfen während des Bayerischen Erbfolgekrieges. Daneben wurde er noch für einzelne Regierungsressorts allein zuständig. Bereits 1776 übertrug ihm der Herzog die Vorarbeiten zur Wiederbelebung des stilliegenden Silber- und Kupferbergwerks bei Ilmenau im Thüringer Wald. 1779 wurde er «Kriegskommissar» und damit verantwortlich für die etwa fünfhundert, vornehmlich zu Bewachungs- und Botendiensten eingeteilten Soldaten des Landes. Im gleichen Jahr übernahm er die «Wegebauverwaltung» sowie die für Überschwemmungen und Kanalisationsarbeiten zuständige «Wasserbaukommission».

Der Grund für diese Ämterhäufung lag nicht allein in dem zunehmenden Vertrauen des Herzogs, sondern auch in Goethes eigenem Bestreben, sich in Dingen, die *vielen hundert Menschen nicht nötig sein mögen*, deren er aber zu seiner *Ausbildung äußerst bedürftig*[100] sei, zu erproben. Hatte es ihn anfänglich

Goethes Haus im Park an der Ilm außerhalb Weimars. Goethe erhielt das Anwesen 1776, noch in seinem ersten Weimarer Jahr, als ein Geschenk des Herzogs Carl August. Er ließ das baufällige Haus instand setzen und wohnte dort bis zum Frühjahr 1782. Auch nach seinem Einzug in das geräumigere Haus am Frauenplan kehrte er noch oft hierher zurück.

nur gereizt, einmal zu *versuchen, wie einem die Weltrolle zu Gesicht stünde*[101], so begann er spätestens seit dem Ende des Jahres 1776 immer mehr, sein Amt als eine sittliche Prüfung anzusehen. *Hauptaperçu daß zuletzt alles ethisch sei*[102], lautet in einem Schema zu der nicht zustande gekommenen Fortsetzung von *Dichtung und Wahrheit* das Stichwort für seine Tätigkeit während der ersten zehn Weimarer Jahre. Seine in dieser Zeit geführten Tagebücher enthüllen, wie ernst er diese Aufgaben nahm und wie er sie trotz vielfacher äußerer und innerer Widerstände zu bewältigen suchte. So notierte er etwa im Januar 1779: *Die Kriegskommission übernommen. Erste Session. Fest und ruhig in meinen Sinnen, und scharf. Allein dies Geschäft diese Tage her. Mich drin gebadet, und gute Hoffnung in Gewißheit des Ausharrens. Der Druck der Geschäfte ist sehr schön der Seele; wenn sie entladen ist, spielt sie freier und genießt des Lebens. Elender ist nichts als der behagliche Mensch ohne Arbeit, das Schönste der Gaben wird ihm ekel.*[103]

In solch prüfenden Auseinandersetzungen mit seinem Amt lebte Goethe bereits in seinen ersten Weimarer Jahren das später in *Wilhelm Meisters Wanderjahren* formulierte Wort von der *Pflicht des Tages*[104]. An Knebel schrieb er im Dezember 1781: *Das Bedürfnis meiner Natur zwingt mich zu einer vermannigfaltigten Tätigkeit, und ich würde in dem geringsten Dorfe und auf einer wüsten Insel ebenso betriebsam sein müssen, um nur zu leben, [...] weil es ein Artikel meines Glaubens ist, daß wir durch Standhaftigkeit und Treue in dem gegenwärtigen Zustande ganz allein der höheren Stufe eines folgenden wert und sie zu betreten fähig werden, es sei nun hier zeitlich oder dort ewig.*[105]

Neben seinen amtlichen Aufgaben kamen auf Goethe Verpflichtungen, bei denen man auf seine poetischen und schauspielerischen Gaben rechnete, hinzu. Leseabende, Redouten und Maskenzüge, besonders aber Liebhaberaufführungen der Hofgesellschaft wurden durch seine Teilnahme belebt. Die dabei von ihm vorgetragenen Improvisationen, deren poetischen Zauber Wieland nicht genug rühmen konnte, gingen zwar verloren, aber manche schriftlich festgehaltene Gelegenheitsdichtung spiegelt noch etwas von den Festen im Stil eines ausklingenden Hoflebens. 1777 schrieb er das Singspiel *Lila* und die dramatische Grille *Der Triumph der Empfindsamkeit. Jery und Bätely* und *Die Fischerin*, ebenfalls Singspiele, wurden in den folgenden Jahren im Park von Tiefurt stimmungsvoll aufgeführt. Schließlich gewann Weimar durch seine Vermittlung bedeutenden Zuwachs von außen. Der Frankfurter Maler Georg Melchior Kraus, in dessen Aquarellen und Stichen das damalige Bild der Stadt und des herzoglichen Parks erhalten blieb, wurde Leiter der Zeichenschule. Die Sängerin Corona Schröter, eine Künstlerin von großer Begabung und menschlicher Reife, trat in den Kreis um die Herzogin-Mutter Anna Amalia. Und 1776 akzeptierte Herder einen Ruf als weimarischer Generalsuperintendent. Herder und seine Frau, Knebel, Corona Schröter und Wieland bildeten auch Goethes engeren Freundeskreis.

Charlotte von Stein im Alter von 38 Jahren. Silberstiftzeich-
nung, vermutlich Selbstporträt, um 1780.
Während seiner ersten zehn Jahre in Weimar war Goethe
eng an Charlotte von Stein gebunden. Seine heimliche Abreise nach Italien führte zu Spannungen, das Verhältnis mit
Christiane Vulpius dann zum endgültigen Bruch. Erst nach
1801 kam es zu einer erneuten Verständigung.

Den nachhaltigsten Einfluß auf ihn gewann jedoch die
Hofdame Charlotte von Stein. Die kalvinistisch erzogene, von
Kindheit an mit dem geselligen Leben vertraute, durch eine
lieblose Ehe mit dem Stallmeister Josias von Stein verbundene
Frau machte einen tiefen Eindruck auf ihn. Seit der ersten
Begegnung fühlte er sich von der um sieben Jahre Älteren, de-
ren Sensibilität ihn an seine Schwester erinnerte, angezogen.

Schon im Februar 1776 bekannte er in einem Brief nach Frankfurt: *Eine herrliche Seele ist die Frau von Stein, an die ich so was man sagen möchte, geheftet und genistelt bin*[106]. Ihre beruhigende Wesensart wurde ihm mehr und mehr unentbehrlich. Es entstand eine Seelenfreundschaft, die ihm selbst rätselhaft erschien: *Ich kann mir die Bedeutsamkeit, die Macht, die diese Frau über mich hat, anders nicht erklären als durch die Seelenwanderung. Ja, wir waren einst Mann und Weib! Nun wissen wir von uns – verhüllt, in Geisterduft.*[107] Anders als die Lieder und Elegien, die er früher für Lili Schönemann, später für Christiane Vulpius oder Marianne von Willemer schrieb, sind die an Frau von Stein gerichteten Verse von einer Stimmung anhaltender Resignation getragen. So widmete er ihr im April 1776 das ohne Titel gebliebene, ein dunkles Schicksal ansprechende Gedicht:

> *Warum gabst du uns die tiefen Blicke,*
> *Unsre Zukunft ahndungsvoll zu schaun,*
> *Unsrer Liebe, unserm Erdenglücke*
> *Wähnend selig nimmer hinzutraun?*
> *Warum gabst uns, Schicksal, die Gefühle,*
> *Uns einander in das Herz zu sehn,*
> *Um durch all die seltenen Gewühle*
> *Unser wahr Verhältnis auszuspähn?*

> *Ach, so viele tausend Menschen kennen,*
> *Dumpf sich treibend, kaum ihr eigen Herz,*
> *Schweben zwecklos hin und her und rennen*
> *Hoffnungslos in unversehnem Schmerz;*
> *Jauchzen wieder, wenn der schnellen Freuden*
> *Unerwart'te Morgenröte tagt;*
> *Nur uns armen Liebevollen beiden*
> *Ist das wechselseitge Glück versagt,*
> *Uns zu lieben, ohn uns zu verstehen,*
> *In dem andern sehn, was er nie war,*
> *Immer frisch auf Traumglück auszugehen*
> *Und zu schwanken auch in Traumgefahr.*

*Glücklich, den ein leerer Traum beschäftigt,*
*Glücklich, dem die Ahndung eitel wär!*
*Jede Gegenwart und jeder Blick bekräftigt*
*Traum und Ahnung leider uns noch mehr.*
*Sag, was will das Schicksal uns bereiten?*
*Sag, wie band es uns so rein genau?*
*Ach, du warst in abgelebten Zeiten*
*Meine Schwester oder meine Frau.*

*Kanntest jeden Zug in meinem Wesen,*
*Spähtest wie die reinste Nerve klingt,*
*Konntest mich mit Einem Blicke lesen,*
*Den so schwer ein sterblich Aug durchdringt;*
*Tropftest Mäßigung dem heißen Blute,*
*Richtetest den wilden irren Lauf,*
*Und in deinen Engelsarmen ruhte*
*Die zerstörte Brust sich wieder auf.* [108]

Nicht zuletzt unter dem Einfluß Charlotte von Steins begann ein innerer Wandlungsprozeß Goethes. Hand in Hand mit seinem Bemühen, die richtige Einstellung zu seinem Amt zu gewinnen, suchte er auch in der eigenen Lebensführung nach Besänftigung und Mäßigung. Er wollte sich von den Grillen seiner Jugend, dem Subjektivismus der letzten Frankfurter Jahre lösen. Streben nach *Reinheit* [109] wurde das Leitwort, mit dem er diese Gedanken zusammenfaßte. In seinen Tagebüchern maß er sein Handeln immer wieder an dem ersehnten Ideal und verzeichnete wie ein Kranker, der sich über seine Genesung Rechenschaft gibt, Erreichtes und Verlorenes. So schrieb er an verschiedenen Tagen des Frühjahrs 1778: *War in schönem bestätigtem Wesen* [110] oder *still und rein* [111]; dann wieder: *seltsame Gärung in mir* [112]. Auf *traurig in mich gezogne Tage* [113] folgt die Eintragung *Diese Woche in immer gleicher fast zu reiner Stimmung. Schöne Aufklärungen über mich selbst und unsre Wirtschaft. Stille und Vorahndung der Weisheit. Bestimmteres Gefühl von Einschränkung und dadurch der wahren Ausbreitung.* [114]

Zu einer wirklichen Beruhigung fand er jedoch erst, als es

Corona Schröter und Goethe als Iphigenie und Orest in einer
Aufführung der ersten Fassung der «Iphigenie auf Tauris».
Ölgemälde von Georg Melchior Kraus.
Goethe hatte Corona Schröter schon während seines Studiums
auf der Leipziger Bühne gesehen. Auf seine Anregung hin lud
Herzog Carl August sie 1776 ein, sich dem Weimarer Liebhaber-
theater anzuschließen. Goethe bewunderte sie als Künstlerin
wie persönliche Freundin.

ihm gelang, seine sittlichen Bemühungen in der Dichtung aus-zudrücken. Während er im Februar und März 1779 an ver-schiedenen Orten des Herzogtums die ihn befremdenden Re-krutenaushebungen zu überwachen sowie den Zustand der Landstraßen zu überprüfen hatte, schrieb er die erste Fassung der *Iphigenie auf Tauris*. Das Drama wurde der Spiegel seines Strebens nach *Reinheit*. So entspricht dem Wort Iphigenies *Ganz unbefleckt ist nur die Seele ruhig*[115] durchaus die Eintragung des Tagebuchs: *Heiliges Schicksal, laß mich frisch und zusammen-genommen der Reinheit genießen.*[116] Auch neben die Bemerkung des Pylades: *Vor Menschen ist das Halbbefleckte rein. So wunderbar ist dies Geschlecht gebildet und verknüpft, daß weder mit sich selbst noch andern irgendeiner ganz reine Rechnung führen kann*[117], läßt sich eine seiner Selbstprüfungen stellen: *Vor sich allein ist man wohl reine, ein andrer verrückt uns die Vorstellung durch seine, hört man den dritten, so kommt man durch die Parallaxe wieder aufs er-ste wahre zurück.*[118] Der Dialog zwischen Thoas und Iphigenie: *Wache Vorsicht vereitelt wohl die List. – Und eine reine Seele ge-braucht sie nicht. Ich hab sie nie, ich werd sie nie gebrauchen*[119], drückt sich im persönlichen Erleben so aus: *Und weil ich mich nicht um Lumperei kümmre, nicht klatsche und solche Rapporteurs nicht halte, handle ich oft dumm. […] Durch Ruhe und Geradheit geht doch alles durch.*[120] Schließlich klingt selbst in der Bitte Iphige-nies an Thoas: *Laß mich mit reinen Händen, wie mit reinem Herzen hinübergehen, und unser Haus entsühnen!*[121] eine Tagebuchnotiz an: *Möge die Idee des Reinen, die sich bis auf den Bissen erstreckt den ich in Mund nehme, immer lichter in mir werden.*[122]

Die Zeit nach der Niederschrift der *Iphigenie*, besonders der Sommer 1779, wurde eine Scheitelphase in Goethes innerer Entwicklung bis zur Reise nach Italien. Nicht allein, daß er sei-nem Sehnen nach *Reinheit* dichterischen Ausdruck gegeben hatte, auch das Gefühl, in den amtlichen Aufgaben sicherer ge-worden zu sein, trug zu einer Festigung seines Bewußtseins bei. Bei unerwarteten Katastrophen, Bränden in den Dörfern des Herzogtums oder Überschwemmungen der Ilm und der Saale griff er mit einer früher bei ihm nicht zu beobachtenden Gelassenheit ein: *Wollte Sonntags den 25. [Juli] auf Berka. In der*

Nächtlicher Dorfbrand. Kreidezeichnung Goethes aus seiner
ersten Weimarer Zeit.
Die Aufsicht über Löscharbeiten bei den häufigen Dorfbränden
im Herzogtum gehörte zu Goethes amtlichen Aufgaben. Das
Blatt enthält keine Angaben über den Ort und das Datum des
Brandes, mag sich jedoch auf den Brand vom 16. April 1776
beziehen, von dem es in Goethes Tagebuch heißt: «beim Feuer
in Ulrichshalben, wo 21 Häuser und ein Mann verbrannt ist.»

*Nacht ward ein gewaltsam Feuer zu Apolda, ich früh, da ichs erst er-
fuhr, hin und ward den ganzen Tag gebraten und gesotten. [...] Ver-
brannten mir auch meine Pläne, Gedanken und Einteilung der Zeit
zum Teil mit. So geht das Leben durch bis ans Ende, so werdens andre
nach uns leben. Meine Ideen über Feuerordnung wieder bestätigt.
Über hiesige besonders, wo man doch nur das Spiel, wie in allem, mit
denen Karten spielt, die man in diesem Moment aufhebt. Die Augen
brennen mich von der Glut und dem Rauch, und die Fußsohlen
schmerzen mich. Das Elend wird mir nach und nach so prosaisch wie
ein Kaminfeuer. Aber ich lasse doch nicht ab von meinen Gedanken
und ringe mit dem unerkannten Engel, sollte ich mir die Hüfte aus-
renken.*[123]

Je prosaischer Goethe seine täglichen Aufgaben erschienen, desto mehr bemühte er sich um Ordnung und Folge.
Nicht mehr *das Reine*, sondern *Ordnung*[124], nun *das Reine* ein-

schließend, erscheint seit Anfang 1780 als das beherrschende Wort seiner Selbstprüfungen: *Immer weggearbeitet.*[125] – *Hatt ich gute Blicke in Geschäften. Geht das Alltägliche ruhig und rein. Rückte wieder an der Kriegskommissionsrepositur. Hab ich das doch in anderthalb Jahren nicht können zustand bringen! Es wird doch! Und ich wills so sauber schaffen, als wenns die Tauben gelesen hätten.*[126] – *Täglich mehr Ordnung, Bestimmtheit und Konsequenz in allem.*[127] Ein Brief an Lavater vom September 1780 stellt die Verbindung zu seinen innersten Überzeugungen her: *Das Tagewerk, das mir aufgetragen ist, das mir täglich leichter und schwerer wird, erfordert wachend und träumend meine Gegenwart. Diese Pflicht wird mir täglich teurer, und darin wünscht ich's den größten Menschen gleich zu tun und in nichts größerm. Diese Begierde, die Pyramide meines Daseins, deren Basis mir angegeben und gegründet ist, so hoch als möglich in die Luft zu spitzen, überwiegt alles andre und läßt kaum augenblickliches Vergessen zu.*[128]

Selig wer sich vor der Welt
Ohne Haß verschließt
Einen Mann am Busen hält
Und mit dem geniest,

Was den Menschen unbewust
Oder wohl veracht
Durch das Labyrinth der Brust
Wandelt in der Nacht.

Die Schlußstrophen
des Gedichts «An den Mond»

Vor dem Hintergrund solcher Aufforderungen bahnte sich jedoch eine Krise an. Nach der Rückkehr von einer Reise in die Schweiz, die er mit Herzog Carl August im Herbst 1779 unternommen hatte, überkam Goethe zum ersten Male ein Gefühl, als könne er *denen vielen Sachen*, die auf ihn drückten, *weniger widerstehn*[129]. Während er zu beobachten glaubte, daß er *täglich mehr in Blick und Geschick zum tätigen Leben* gewann, war es ihm zugleich *wie einem Vogel, der sich in Zwirn verwickelt hat: Ich fühle, daß ich Flügel habe und sie sind nicht zu brauchen*[130]. Die Geschäfte, in denen er sich früher hatte *baden*[131] wollen, fingen an, ihn Überwindung zu kosten. An Charlotte von Stein schrieb er: *Wieviel wohler wäre mir's wenn ich von dem Streit der politischen Elemente abgesondert, den Wissenschaften und Künsten, wozu ich geboren bin, meinen Geist zuwenden könnte.*[132] In einer solchen Stimmung *erfand*[133] er im Februar 1780 den *Tasso*, dessen *eigentlichen Sinn* er später *die Disproportion des Talents mit* dem Leben[134] nennen sollte. Eine solche *Disproportion* schien er auch mehr und mehr in seinem eigenen Dasein zu spüren. Bezeichnend für seine Haltung von etwa 1780 an bis zur Reise nach Italien ist die Bemerkung, er habe sich *in Geschäften gehalten*[135]. In einem Brief an Johann Friedrich Krafft, einen durch unglückliche Umstände verarmten und darüber verzweifelnden Mann, den er mehrere Jahre hindurch aus seiner eigenen Tasche unterstützte, sagte er: *Das Muß ist hart, aber beim Muß kann der Mensch allein zeigen, wie's inwendig mit ihm steht. Willkürlich leben kann jeder.*[136]

Goethes Handschrift des Gedichts «An den Mond», hier in der ursprünglichen Fassung, die er einem Brief an Charlotte von Stein vom 18. Januar 1778 beifügte.

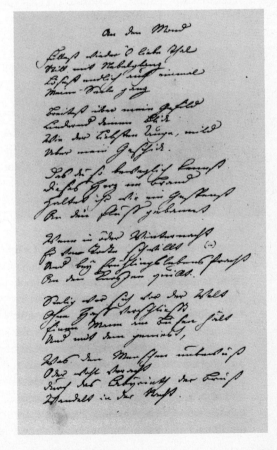

Trotz solchen Entsagens waren die frühen Weimarer Jahre für Goethes künstlerische Produktion nicht verloren, legte er doch durch die Sammlung menschlicher Erfahrungen gerade die Wurzeln zu einigen seiner bedeutendsten Werke. Neben der Prosafassung der *Iphigenie*, die er vollendete, gehen hierher die Anfänge von *Wilhelm Meisters Lehrjahren*, der Entwurf des *Tasso*, auch manche nachweisbare Anregungen zum *Faust* zurück. Nicht der Menge des Geschaffenen, aber dessen Gewicht nach waren es fruchtbare Jahre für seine lyrische Produktion. In einer Winternacht, als die Ilm die Wiesen um sein Gartenhaus überschwemmte, schrieb er das Lied *An den Mond*. Auf dem Kickelhahn oberhalb Ilmenaus kratzte er die Verse *Über allen Gipfeln ist Ruh* in die Bretterwand eines abgelegenen Jagdhäuschens, und bei einem Ritt nach Goslar im Dezember 1777 entwarf er die *Harzreise im Winter*. Sein Aufgehen in den täglichen Geschäften gab den Hintergrund für die Gedichte *Grenzen der Menschheit* und *Das Göttliche*.

Äußerlich brachten diese Jahre viele Erfolge für Goethe. Nachdem ihm die Leitung der «Kammer», der obersten Finanzbehörde, übertragen worden war, vereinigte er alle wichtigen Ämter des Landes in seiner Hand. Im Juni 1782 wurde er von Kaiser Joseph dem Zweiten in den Adelsstand erhoben. Fast gleichzeitig gab er das Gartenhaus an den Ilmwiesen als dauernde Wohnung auf und bezog das geräumigere Haus am Frauenplan.

Schließlich fielen in die Jahre vor der italienischen Reise auch die Anfänge von Goethes umfangreichen Studien zur Naturwissenschaft. Durch seine Oberaufsicht über das Ilmenauer Bergwerk wurde er gezwungen, sich in geologische und mineralogische Fragen zu vertiefen. Seine Aufgaben an der Universität Jena regten ihn zur Beschäftigung mit vergleichender Anatomie an. Bereits damals von seinem Konzept einer inneren Verwandtschaft aller Lebewesen durchdrungen, bewies er 1784 das Vorhandensein des Zwischenkieferknochens, den man bis dahin lediglich bei Tieren zu erkennen glaubte, auch beim Menschen. Fast hundert Jahre vor Darwin deutete er damit schon auf eine biologische Entwicklungslehre hin.

Die Freude an seinen Naturstudien führte Goethe allerdings immer erneut vor Augen, wie sehr er durch das Aufgehen
im Staatsdienst seine eigentlichen Interessen vernachlässigte.
So steht am Ende seines zehnten Jahres in Weimar der Entschluß, sich, und sei es auch nur zeitweilig, von den dortigen
Verhältnissen zu lösen. Nach Regelung all seiner amtlichen
und persönlichen Angelegenheiten bat er den Herzog um
einen *unbestimmten Urlaub*[137]. Sein eigentlicher Aufbruch vollzog sich dann fast von einem Tag auf den anderen und glich,
wie schon 1772 in Wetzlar und 1775 in Frankfurt, einer Flucht.
Selbst gegenüber dem Herzog und gegenüber Charlotte von
Stein verlor er kein Wort von seinen konkreten Plänen. Unbe-
merkt trat er 1786 nach einem kurzen Badeaufenthalt in Böhmen die größte Reise seines Lebens an: *Den 3. September früh
drei Uhr stahl ich mich aus dem Karlsbad weg, man hätte mich sonst
nicht fortgelassen. Man merkte wohl, daß ich fort wollte. Ich ließ mich
aber nicht hindern, denn es war Zeit.*[138]

# Italienische Reise

Unter fremdem Namen, als Kaufmann Philipp Möller, fuhr Goethe mit der Postkutsche von Karlsbad aus nach Süden. In einem sorgfältig geführten Journal hielt er seine Erlebnisse und Beobachtungen fest: *In Bayern stößt einem gleich das Stift Waldsassen entgegen. Es liegt in einem schönen Wiesengrunde, rings von fruchtbaren sanften Anhöhen umgeben. [...] Der Boden ist aufgelöster Tonschiefer, den der Quarz, der sich im Tonschiefer befand und nicht aufgelöst hat, locker macht. Bis gegen Tirschenreuth steigt das Land noch, die Wasser fließen einem entgegen, nach der Eger und Elbe zu; von Tirschenreuth an fällt nun das Land südwärts ab und die Wasser laufen nach der Donau.*[139]

Bereits diese am Beginn des Journals stehenden Aufzeichnungen deuten auf die Anschauungsweise, um die Goethe sich während der ganzen Reise bemühte. Er wollte nicht mehr, wie er es früher getan hatte, *denken, empfinden, phantasieren*[140], sondern die *Gegenstände mit Augen sehen*[141], prüfend beobachten, Kunstwerke und Landschaftsbilder ungetrübt erfassen: *Ich hatte die Maxime ergriffen, mich so viel als möglich zu verleugnen und das Objekt so rein als nur zu tun wäre in mich aufzunehmen.*[142]

Über Regensburg, Innsbruck und den Brenner erreichte Goethe nach einer Woche angestrengten Fahrens in Trient italienischen Boden: *Es ist mir als wenn ich hier geboren und erzogen wäre und nun von einer Grönlandsfahrt, von einem Walfischfang zurückkäme. Alles ist mir willkommen.*[143] Als ihn dann am Gardasee die südliche Landschaft völlig umfing, entnahm er seinem Gepäck das Manuskript der *Iphigenie*, so wie er es in Prosa verfaßt hatte, und begann eine seit langem geplante Umformung in Jamben. Im Amphitheater von Verona stand er zum ersten Male einem Bauwerk der Antike gegenüber. Über Vicenza, wo ihn die Palastbauten Palladios fesselten, kam er nach Venedig: *So stand es denn im Buche des Schicksals auf meinem Blatte geschrieben, daß ich 1786 den achtundzwanzigsten September, abends, nach*

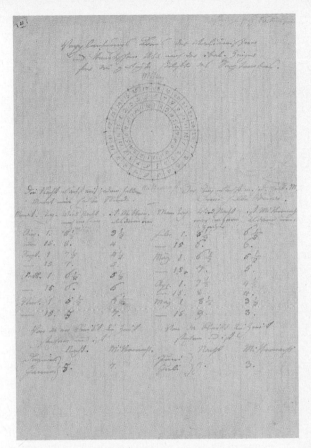

«Vergleichungs Kreis der italiänischen und teutschen Uhr auch der ital. Zeiger für die zweyte Hälfte des Septembers.» Einlage Goethes zu seinem Reisetagebuch für Charlotte von Stein. Verona, den 17. September 1786.

unserer Uhr um fünfe, Venedig zum erstenmal, aus der Brenta in die Lagunen einfahrend, erblicken und bald darauf diese wunderbare Inselstadt, diese Biberrepublik betreten und besuchen sollte.[144]

Schon nach zwei Wochen reiste Goethe von Venedig aus weiter. In Bologna faßte er den Entschluß: *Ich will nur durch Florenz durchgehen und grade auf Rom. Ich habe keinen Genuß an nichts bis jenes erste Bedürfnis gestillt ist.*[145] Am 29. Oktober 1786 erreichte er dann sein Ziel: *Ich bin endlich in dieser Hauptstadt der Welt angelangt! [...] Nun bin ich hier und ruhig und, wie es scheint, auf mein ganzes Leben beruhigt. Denn es geht, man darf wohl sagen, ein neues Leben an, wenn man das Ganze mit Augen sieht, das man teilweise in- und auswendig kennt. Alle Träume meiner Jugend seh' ich nun lebendig; die ersten Kupferbilder, deren ich mich erinnere, seh' ich nun in Wahrheit, und alles, was ich in Gemälden und Zeichnungen, Kupfern und Holzschnitten, in Gips und Kork schon lange gekannt, steht nun beisammen vor mir; wohin ich gehe, finde ich eine Bekanntschaft in einer neuen Welt, es ist alles wie ich mir's dachte und alles neu.*[146]

Der erste ununterbrochene Aufenthalt Goethes in Rom währte vier Monate. Die Betrachtung von Werken der bildenden Kunst stand im Mittelpunkt seines Lebens. Wie er die *ungeheuren und doch gebildeten Massen* in sich aufnahm, glaubte er, *ein Mitgenosse der großen Ratschlüsse des Schicksals* zu werden.[147] An Charlotte von Stein schrieb er: *Ich lasse mir nur alles entgegenkommen und zwinge mich nicht, dies oder jenes in dem Gegenstande zu finden. Wie ich die Natur betrachte, betrachte ich nun die Kunst; ich gewinne, wornach ich so lang gestrebt, auch einen vollständigern Begriff von dem Höchsten, was Menschen gemacht haben, und meine Seele bildet sich auch von dieser Seite mehr aus und sieht in ein freieres Feld.*[148]

Neben den Kunstwerken Roms und der südländischen Landschaft zog Goethe die Farbigkeit des italienischen Volkslebens an. Er besuchte Theateraufführungen und Gerichtsverhandlungen, sah Prozessionen und Kirchenfeste. Die Erfahrung all dieser neuen Eindrücke bedeutete für ihn nach den vorausgegangenen Jahren eine seelische Erlösung. Er glaubte, *täglich eine neue Schale abzuwerfen*[149], ja eine *Veränderung bis aufs innerste Knochenmark*[150] zu erfahren. In seinen Briefen sprach er von einer *Wiedergeburt*, die ihn *von innen heraus umarbeitet*[151]. Wie nicht oft zuvor und auch nur selten in seinem späteren Leben hatte er das uneingeschränkte Gefühl, *glücklich*[152] zu sein. Seine Weimarer Freunde ließ er wissen: *Ich habe endlich das Ziel meiner Wünsche erreicht und lebe hier mit einer*

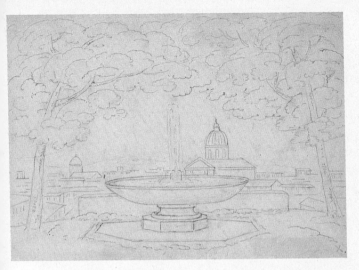

Blick vom Monte Pincio auf Rom mit der Peterskirche und dem Vatikan. Bleistift- und Federzeichnung Goethes vom Februar 1787. Während der achtzehn Monate seines Aufenthalts in Italien zeichnete Goethe mehr als 900 Blätter, vielfach mit Bleistift und Feder, aber auch in Farbe aquarelliert.

*Klarheit und Ruhe, die Ihr Euch denkt, weil Ihr mich kennt. Meine Übung alle Dinge wie sie sind zu sehen und zu lesen, meine Treue das Auge licht sein zu lassen, meine völlige Entäußerung von aller Prätention, machen mich hier höchst im Stillen glücklich. Alle Tage ein neuer merkwürdiger Gegenstand, täglich neue, große, seltsame Bilder und ein Ganzes, das man sich lange denkt und träumt, nie mit der Einbildungskraft erreicht.*[153]

Die Tendenz zur *völligen Entäußerung von aller Prätention*, die Goethe an sich beobachtete, überraschte auch diejenigen, die mit ihm in Rom zusammenkamen. So schrieb der Maler Wilhelm Tischbein, bei dem er ein Quartier gefunden hatte, an Lavater: «Goethe war mir durch Ihnen und seine anderen Freunde schon ziemlich bekannt, und habe ihn eben so gefunden, wie ich mir ihn dachte. Nur die große Gesetztheit und Ruhe hätte ich mir in dem lebhaften Empfinder nicht denken können. Was mir noch so sehr an ihm freut, ist sein einfaches

Goethe aus einem Fenster seiner römischen Wohnung auf die zwei Stockwerke unter ihm liegende Straße, den Corso, blickend. Aquarell und Kreide über Bleistift von Wilhelm Tischbein, 1787.
Tischbein porträtierte Goethe mehrfach während dessen Aufenthalts in Rom. Sein lebensgroßes Ölgemälde «Goethe in der Campagna» wurde immer wieder abgebildet.
Einen Ausschnitt daraus benutzte Andy Warhol für ein Plakat.

Leben. Er begehrte von mir ein klein Stübchen worin er schlafen und ungehindert arbeiten könnte, und ein ganz einfaches Essen, das ich ihm leicht verschaffen konnte, weil er mit so wenigem begnügt ist. Da sitzet er nun jetzo und arbeitet des Morgens um seine Iphigenia fertig zu machen, dann gehet er aus und siehet die großen hiesigen Kunstwerke.» [154]

Vom Februar bis zum Juni 1787 unternahm Goethe dann eine Reise in den Süden des Landes. Von Neapel aus besichtigte er die Ausgrabungen in Pompeji und die Tempel in Paestum, deren *stumpfe, kegelförmige, enggedrängte Säulenmassen* ihm allerdings zunächst *lästig, ja furchtbar* erschienen. [155] Erst nach Vergegenwärtigung des *strengen Stils der Plastik* im Sinne Winckelmanns konnte er sich mit diesem Monument der griechischen Baukunst, einem der wenigen, die er überhaupt mit Augen sah, *befreundet fühlen* [156]. Dreimal bestieg er den Vesuv und beobachtete das Zischen und Qualmen des *Höllenbrudels* [157] aus nächster Nähe. Zusammen mit dem Maler Christoph Kniep, der ihn im Aquarellieren unterrichtete, fuhr er mit dem Paketboot nach Sizilien. Ohne die Kenntnis der Insel, glaubte er, könne man sich kein Bild von Italien machen: *Hier ist erst der Schlüssel zu allem.* [158] In Palermo, Taormina und Messina vertiefte er sich ganze Tage lang in Homer und gewann den Eindruck, als werde ihm die «Odyssee» zum erstenmal *ein lebendiges Wort* [159]. Der Plan zu einem Trauerspiel über die Begegnung des Odysseus mit Nausikaa beschäftigte ihn zeitweilig so intensiv, daß es ihm in der Erinnerung erschien, als habe er darüber *den größten Teil seiner sizilianischen Reise verträumt* [160].

Auch in seinen Naturstudien machte Goethe beträchtliche Fortschritte. Nachdem er schon während der letzten Jahre über das Gesetzliche in aller Pflanzen- und Tierentwicklung *gar denkreich gegrübelt* [161] hatte, brachten ihn Beobachtungen im öffentlichen Garten von Palermo zu seiner Konzeption der *Urpflanze*, in der er das Prinzip der *ursprünglichen Identität aller Pflanzenteile* [162] erkannt zu haben glaubte. An Herder schrieb er darüber: *Die Urpflanze wird das wunderlichste Geschöpf von der Welt, um welches mich die Natur selbst beneiden soll. Mit diesem Modell und dem Schlüssel dazu kann man alsdann noch Pflanzen ins*

*Unendliche erfinden, die konsequent sein müssen, das heißt: die, wenn sie auch nicht existieren, doch existieren könnten und nicht etwa malerische oder dichterische Schatten und Scheine sind, sondern eine innerliche Wahrheit und Notwendigkeit haben. Dasselbe Gesetz wird sich auf alles übrige Lebendige anwenden lassen.*[163]

Nach seiner Rückkehr aus Süditalien blieb Goethe noch fast ein Jahr in Rom. Dieser *Zweite römische Aufenthalt*[164] wurde für ihn eine Zeit intensiven und gleichmäßigen Arbeitens. Er zeichnete fast täglich, vollendete den *Egmont* und die Neufassung der *Iphigenie* in Jamben, schrieb am *Tasso* und verfaßte eine Schilderung des *Römischen Carnevals*. Mit dem Komponisten Philipp Kayser besprach er eine *Symphonie zu Egmont*[165] und hörte altitalienische Kirchenmusik. In Castel Gandolfo verbrachte er zwei idyllische Wochen in dem Kreis um den englischen Maler Thomas Jenkins und die *schöne Mailänderin*[166] Maddalena Riggi. Die in der *Italienischen Reise* festgehaltenen Erinnerungen an sie, dazu Hinweise der *Römischen Elegien* auf ein Mädchen namens Faustina sind Zeichen einer damals bei ihm erwachenden Sinnlichkeit, wie er sie vor seiner Abreise aus Weimar kaum gekannt zu haben scheint.

Vor allem anderen aber bemühte er sich immer wieder um eine Erweiterung seiner kunsthistorischen Kenntnisse. Unermüdlich besuchte er die Bauten, Galerien und Museen der Stadt. Wie in den ersten Monaten seines römischen Aufenthaltes waren Künstler und Kunstgelehrte sein täglicher Umgang: Tischbein, Philipp Hackert, Angelika Kauffmann, Karl Philipp Moritz. Besonders nahe trat ihm der aus Zürich stammende *stille, einsam-fleißige*[167] Maler Heinrich Meyer. Sein Einfluß – *er ging den sichern, von Winckelmann und Mengs eröffneten Pfad ruhig fort*[168] – erwies sich für Goethe allerdings als verhängnisvoll, wurde es doch vornehmlich Meyer, der ihn später, nach dessen Ansiedlung in Weimar, davon abhielt, seine Aufmerksamkeit anderen Kunstrichtungen als einem strengen Klassizismus zu schenken.

Schwer fiel Goethe die Trennung von Rom. Noch 1829, als er das Schlußkapitel der *Italienischen Reise* diktierte, stand ihm vor Augen, wie er die Stadt in Gedanken an seinen Abschied

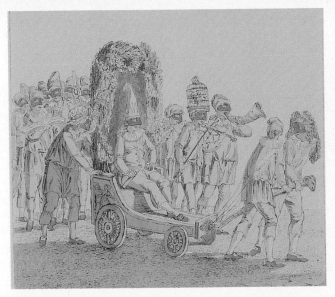

Aufzug des Pulcinellen-Königs. Illustration zu «Das Römische Carneval», kolorierter Kupferstich von Georg Melchior Kraus, 1789. Goethes Bericht über das von ihm als «Nationalerzeugnis» bezeichnete Fest, das er im Februar 1788 beobachtete, erschien bereits im folgenden Jahr, fast drei Jahrzehnte vor der «Italienischen Reise», in einer Luxusausgabe des Berliner Verlegers Unger. Die Vorlagen zu den kolorierten Tafeln stammten von Georg Schütz, Goethes römischem Hausgenossen.

mehrere Tage lang schwermütig durchstreift hatte, zuletzt noch einmal bei hellem Mondenschein: *Nach zerstreuenden, mitunter peinlich zugebrachten Tagen, macht' ich den Umgang mit wenigen Freunden einmal ganz allein. Nachdem ich den langen Corso, wohl zum letztenmal, durchwandert hatte, bestieg ich das Kapitol, das wie ein Feenpalast in der Wüste dastand. [...] Ganz finster, finstern Schatten werfend, stand mir der Triumphbogen des Septimius Severus entgegen; in der Einsamkeit der Via Sacra erschienen die sonst so bekannten Gegenstände fremdartig und geisterhaft. Als ich aber den erhabenen Resten des Kolosseums mich näherte und in dessen verschlossenes Innere durchs Gitter hineinsah, darf ich nicht leugnen, daß mich ein Schauer überfiel und meine Rückkehr beschleunigte.*[169]

# Evolution statt Revolution

Die Rückkehr nach Deutschland war für Goethe mit Enttäuschungen verknüpft. Obgleich er von Rom aus versucht hatte,
die Weimarer Freunde nicht allein an seinen äußeren Erlebnissen, sondern auch an seinen menschlichen Erfahrungen teil-
nehmen zu lassen, gelang es ihm kaum, die früheren Beziehungen wiederaufzunehmen: *Aus Italien, dem formreichen, war
ich in das gestaltlose Deutschland zurückgewiesen, heiteren Himmel
mit einem düsteren zu vertauschen; die Freunde, statt mich zu trösten
und wieder an sich zu ziehen, brachten mich zur Verzweiflung. Mein
Entzücken über entfernteste, kaum bekannte Gegenstände, mein Leiden, meine Klagen über das Verlorne schien sie zu beleidigen, ich ver-
mißte jede Teilnahme, niemand verstand meine Sprache.*[170]
    Goethe fühlte sich isoliert. Herzog Carl August, mit dem
der Kontakt wohl noch am ehesten wiederherzustellen gewesen wäre, hielt sich im Zuge seiner Verpflichtungen als
preußischer General viel außer Landes auf. Herder, deutlich
empfindend, daß er seinen früheren Einfluß auf Goethe verloren hatte, zog sich voll Mißmut zurück. Und Charlotte von
Stein grollte noch immer wegen Goethes heimlicher Abreise
aus Karlsbad. Sie empfing ihn trotz seiner *fußfälligen, flehent-
lichen Bitten*[171], ihm die Rückkunft zu erleichtern, *ohne Herz*[172]
und schien ihn nicht mehr verstehen zu wollen. So kam es gegen Anfang des Jahres 1789 zum Bruch mit ihr. Statt in Weimar
suchte Goethe seinen Umgang unter den Professoren der Jenaer Universität und berief Heinrich Meyer als Lehrer an die herzogliche Zeichenschule. Mehrfach begegnete er Schiller, der
damals schon in Rudolstadt und Jena lebte, ohne allerdings
nähere Beziehungen zu ihm aufzunehmen. Den Grund für diese Reserve erkannte Schiller in den beiderseitigen verschiedenen «Vorstellungsarten»[173]: Goethes Philosophie hole zuviel
aus der Welt der Gegenstände, wo er sich auf sein Empfinden
verlasse. Und persönlich fühlte er sich zurückgestoßen: «Öf-

ters um Goethe zu sein, würde mich unglücklich machen: er hat auch gegen seine nächsten Freunde kein Moment der Ergießung, er ist an nichts zu fassen; ich glaube in der Tat, er ist ein Egoist in ungewöhnlichem Grade. Er besitzt das Talent, die Menschen zu fesseln, und durch kleine sowohl als große Attentionen sich verbindlich zu machen; aber sich selbst weiß er immer frei zu behalten. [...] Ein solches Wesen sollten die Menschen nicht um sich herum aufkommen lassen. Ich betrachte ihn wie eine stolze Prüde, der man ein Kind machen muß, um sie vor der Welt zu demütigen.»[174]

Nicht ohne Einfluß auf Schillers Urteil war wohl auch das Gerede geblieben, das sich in Weimar um Goethes häusliche Verhältnisse gebildet hatte. Der einfache Tatbestand war, daß er kaum einen Monat nach seiner Rückkehr aus Rom ein dreiundzwanzigjähriges Mädchen, Christiane Vulpius, die ihn

Christiane Vulpius auf einem Sofa eingeschlafen. Bleistiftzeichnung Goethes, 1788 oder 1789

durch ihre naturhafte Persönlichkeit angezogen hatte, zu seiner Geliebten und bald darauf zu seiner dauernden Hausgenossin gemacht hatte. Mit den Worten *Ich bin verheiratet, nur nicht mit Zeremonie*[175] charakterisierte er selbst diese Verbindung, in der er, allen Verleumdungen der Weimarer Hof- und Stadtgesellschaft zum Trotz, große Beglückung fand. Von fünf Kindern, die Christiane ihm schenkte, blieb nur der 1789 geborene erste Sohn August am Leben. Dichterisches Zeugnis der Neigung Goethes wurden die sinnlich-freien *Römischen Elegien*, in denen sich die Züge Christianes mit denen der Römerin Faustina verbanden.

Christiane Vulpius stammte aus einer bürgerlichen Familie Weimars. Früh verwaist, arbeitete sie in einer dem Verleger Bertuch gehörenden Fabrik für künstliche Blumen. Am 12. Juni 1788 trat sie Goethe im Park an der Ilm entgegen, um ihm eine von ihrem Bruder Christian August Vulpius verfaßte Bittschrift zu überreichen. Das war der Beginn der bis zu ihrem Tod im Jahre 1816 währenden Lebens- und Ehegemeinschaft mit Goethe.

Seine früheren Aufgaben als weimarischer Staatsbeamter übernahm Goethe nach 1788 nur noch in beschränktem Umfang. Der Form nach blieb er zwar noch Mitglied des «Geheimen Conseils», konzentrierte seine Aufmerksamkeit aber auf die wissenschaftlichen und künstlerischen Anstalten des Herzogtums, besonders die Universität Jena. Mit großer Teilnahme widmete er sich der Leitung des 1791 begründeten Weimarer Hoftheaters und entwickelte es innerhalb weniger Jahre zu einer der angesehensten Bühnen Deutschlands. Allerdings mußte er dabei die Enttäuschung erleben, daß das Publikum mehr an den heute vergessenen Unterhaltungsstücken von Iffland und Kotzebue als an Schillers oder an seinen eigenen Dichtungen interessiert war.

Nur wenige poetische Werke entstanden in dieser Zeit: die *Römischen Elegien*, die *Venezianischen Epigramme*, einige theatralische Gelegenheitsdichtungen und die hexametrische Bearbeitung des niederdeutschen Tierepos *Reineke Fuchs*. Statt zur Dichtung trieb es Goethe *mehr als jemals zur Naturwissenschaft*[176]. Unermüdlich stellte er botanische, anatomische und optische Versuche an. Auf seinem früheren Konzept der

*Urpflanze* aufbauend, entwarf er ein evolutionistisches System aller Pflanzenentwicklung, das er *Die Metamorphose der Pflanzen* nannte. In der 123 Paragraphen umfassenden Schrift, die bereits 1790 im Druck erschien, versuchte er nachzuweisen, daß alle Teile der Pflanzen auf ein einziges Grundorgan, das sich aus dem Knoten entwickelnde Blatt, zurückzuführen seien. Durch eine stufenweise vollzogene Umwandlung bilden sich die fertigen Pflanzen, deren Mannigfaltigkeit sich wiederum durch verschiedene Abarten der Metamorphose erklärt. *Es mag nun die Pflanze sprossen, blühen oder Früchte bringen, so sind es doch nur immer dieselbigen Organe, welche, in vielfältigen Bestimmungen und unter oft veränderten Gestalten, die Vorschrift der Natur erfüllen.*

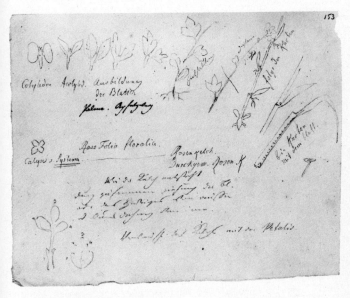

Die Metamorphose der Pflanze vom Samen bis zur Blüte.
Federzeichnung Goethes, nach 1790.
Der erklärende Text lautet:
    Wie der Kelch entsteht
    durch zusammen ziehung der B[lätter]
    oder des Zweiges von außen
    und Ausdehnung von innen.
    Verwandtsch[aft] des Kelchs mit den Petalis.

*Dasselbe Organ, welches am Stengel als Blatt sich ausgedehnt und eine höchst mannigfaltige Gestalt angenommen hat, zieht sich nun im Kelche zusammen, dehnt sich im Blumenblatte wieder aus, zieht sich in den Geschlechtswerkzeugen zusammen, um sich als Frucht zum letztenmal auszudehnen.*[177]

Ähnliche Gedanken entwickelte Goethe in der Osteologie. Als er im Frühjahr 1790 der Herzogin-Mutter Anna Amalia, die von einem längeren Italienaufenthalt zurückkehrte, bis Venedig entgegenreiste, brachte ihn am Lido der Fund eines Schafgerippes zu der Entdeckung, daß bei Tieren wie bei Menschen die sämtlichen Schädelknochen aus verwandten Wirbelknochen entstanden waren. Von hier aus war es nur noch ein Schritt zu seiner in den kommenden Jahren ausgebildeten Lehre von der Morphologie, nach der alle Gestalt ein *Bewegliches*, ein *Werdendes*, ein *Vergehendes* ist: *Gestaltenlehre ist Verwandlungslehre.*[178]

In unmittelbarer Verbindung zu Goethes Naturstudien ist sein Verhältnis zur Französischen Revolution zu sehen. Obgleich ihn der *unsittliche Stadt-, Hof- und Staatsabgrund*[179] der bourbonischen Monarchie seit langem geängstigt hatte, war seine Haltung gegenüber der Revolution im Grunde durch die Überzeugung festgelegt, daß sich alle Veränderungen in der menschlichen Gesellschaft wie auch in der Natur durch Evolution vollziehen. Im Gegensatz zu dem Pathos, mit dem der Bastillesturm etwa von Schiller, von Klopstock, ja selbst von Herder begrüßt wurde, war er erschüttert von der Gefahr, welche die Entfesselung revolutionärer Instinkte für jede geistige Kultur bedeutete. Bereits in den zwischen 1791 und 1794 entstandenen Dramen *Der Groß-Cophta*, *Der Bürgergeneral* und *Die Aufgeregten* sowie den novellistisch angelegten *Unterhaltungen deutscher Ausgewanderten* distanzierte er sich von dem Gedanken, politische Mißstände durch gewaltsamen Umsturz zu beseitigen. Gegen den Vorwurf der Interesselosigkeit an der Sache der Freiheit, den er dafür in Kauf nehmen mußte, verteidigte er sich noch 1824 gegenüber Eckermann: *Es ist wahr, ich konnte kein Freund der Französischen Revolution sein, denn ihre Greuel standen mir zu nahe und empörten mich täglich und stünd-*

lich, während ihre wohltätigen Folgen damals noch nicht zu ersehen waren. Auch konnte ich nicht gleichgültig dabei sein, daß man in Deutschland künstlicherweise ähnliche Szenen herbeizuführen trachtete, die in Frankreich Folge einer großen Notwendigkeit waren. [...] Ich war vollkommen überzeugt, daß irgendeine große Revolution nie Schuld des Volkes ist, sondern der Regierung. Revolutionen sind ganz unmöglich, sobald die Regierungen fortwährend gerecht und fortwährend wach sind, so daß sie ihnen durch zeitgemäße Verbesserungen entgegenkommen und sich nicht so lange sträuben, bis das Notwendige von unten her erzwungen wird.[180]

In persönliche Berührung mit den Zeitereignissen kam Goethe im Sommer 1792, als die vereinten Heere Österreichs und Preußens zu ihrem Feldzug gegen die Revolutionsarmeen antraten. Auf eine Bitte von Herzog Carl August, der ein preußisches Regiment befehligte, schloß er sich dessen Gefolge an. Über seine damaligen Erfahrungen berichtete er noch fast dreißig Jahre später in der Schrift *Kampagne in Frankreich*. Durch eine ineinandergreifende Darstellung von militärischen Vorgängen, privaten Erlebnissen und kritischen Gedanken über das *Hinleben zwischen Ordnung und Unordnung, zwischen Erhalten und Verderben, zwischen Rauben und Bezahlen*[181] ist das Werk bezeichnend für die Haltung des von soldatischen Leidenschaften kaum erfaßten Beobachters. Während der Beschießung Verduns galt sein Interesse einem mit Wasser gefüllten Erdtrichter, in dem durch kleine Fische prismatische Farbeffekte entstanden. Und während des für die Verbündeten verhängnisvollen Versuchs, am 19. September 1792 durch ei-

**Daten der Zeitgeschichte 1789–1801**

1789　Französische Revolution
1790　Tod Kaiser Josephs II.
1792　Kriegserklärung der französischen Nationalversammlung an Österreich
1792　Die verbündeten Armeen Österreichs und Preußens überschreiten den Rhein, ziehen sich nach der Kanonade von Valmy zurück
1793　Belagerung von Mainz durch die Verbündeten. Abzug der französischen Armee
1795　Sonderfrieden zu Basel zwischen Frankreich und Preußen
1798–1801　Zweiter Krieg der Koalition Österreichs, Englands und Rußlands gegen Frankreich
1799　Napoleon Bonaparte übernimmt als Erster Konsul die Regierung Frankreichs

nen Vorstoß bei Valmy in der Champagne den Weg nach Paris zu öffnen, schien er mehr die physikalischen Effekte der Kanonade als das eigentliche Kriegsgeschehen wahrzunehmen. Als dann jedoch gegen Ende dieses Tages die Fruchtlosigkeit der alliierten Bemühungen offenbar wurde, war gerade er es, der die Entwicklung bis zum Zusammenbruch des Heiligen Römischen Reiches voraussah: *Die größte Bestürzung verbreitete sich über die Armee. Noch am Morgen hatte man nicht anders gedacht als die sämtlichen Franzosen anzuspießen und aufzuspeisen; [...] nun aber ging jeder vor sich hin, man sah sich nicht an, oder wenn es geschah, so war es um zu fluchen, oder zu verwünschen. Wir hatten, eben als es Nacht werden wollte, zufällig einen Kreis geschlossen, in dessen Mitte nicht einmal wie gewöhnlich ein Feuer konnte angezündet werden, die meisten schwiegen, einige sprachen, und es fehlte doch eigentlich einem jeden Besinnung und Urteil. Endlich rief man mich auf, was ich dazu denke, denn ich hatte die Schar gewöhnlich mit kurzen Sprüchen erheitert und erquickt; diesmal sagte ich: «Von hier und heute geht eine neue Epoche der Weltgeschichte aus, und ihr könnt sagen, ihr seid dabei gewesen.»* [182]

Nach dem Rückzug der verbündeten Armeen kehrte Goethe über Düsseldorf und Münster nach Weimar zurück. Längere Besuche bei Jacobi hier und der Fürstin Gallitzin dort halfen ihm, von den Erlebnissen in Frankreich Abstand zu gewinnen. Noch einmal wurde er jedoch, wieder im Gefolge des Herzogs Carl August, Augenzeuge des Krieges, als im folgenden Sommer die Verbündeten das von den Franzosen besetzte Mainz belagerten. Dabei kam es nach dem Bombardement und der Übergabe der Stadt am 22. Juli 1793 zu einer für Goethes Denkungsart aufschlußreichen Episode. Als er in der Nähe des Chausseehauses den Abzug der französischen Truppen beobachtete, machte eine Gruppe von Einheimischen Miene, einen verhaßten Klubbisten, der die Stadt ebenfalls unter dem Schutz des freien Geleits verlassen wollte, mitsamt seinen Angehörigen zu überfallen. In diesem Augenblick griff Goethe, sich auf seine Autorität als Begleiter des Herzogs von Weimar stützend, persönlich ein, wies das aufgebrachte Volk zurück und machte den Weg für die Flüchtenden frei. Der Vorgang

Goethe im Alter von 42 Jahren.
Kupferstich von Johann Heinrich Lips nach einer
ursprünglich von ihm angefertigten Kreidezeichnung.
Goethe traf den Schweizer Maler Lips zuerst in Zürich,
dann in Rom. 1789 setzte er sich für dessen Berufung
als Lehrer an das Freie Zeicheninstitut in Weimar ein.

führte zu einer Aussprache mit dem englischen Maler Charles Gore, der die Szene beobachtet hatte: *Als ich nach meiner Expedition zu Freund Gore hinaufkam, rief er mir in seinem Englisch-Französisch entgegen: Welche Fliege sticht euch, ihr habt euch in einen Handel eingelassen, der übel ablaufen konnte. Dafür war mir nicht bange, versetzte ich; und findet ihr nicht selbst hübscher, daß ich euch den Platz vor dem Hause so rein gehalten habe? Wie säh' es aus, wenn das nun alles voll Trümmer läge, die jedermann ärgerten, leidenschaftlich aufregten und niemand zugute kämen; mag auch jener den Besitz nicht verdienen, den er wohlbehaglich fortgeschleppt hat.*

*[...] Indessen konnte sich mein guter Gore nicht zufrieden geben, daß ich, mit eigener Gefahr, für einen unbekannten, vielleicht verbrecherischen Menschen so viel gewagt habe. Ich wies ihn immer scherzhaft auf den reinen Platz vor dem Hause und sagte zuletzt ungeduldig: es liegt nun einmal in meiner Natur, ich will lieber eine Ungerechtigkeit begehen als Unordnung ertragen.*[183]

Die letzten Worte, von Goethe in seinem gedruckten Bericht über die *Belagerung von Mainz* ausdrücklich wiederholt, zeigen, wie den auf organische Entfaltung alles Lebendigen bedachten Forscher das Handeln einer von Leidenschaften getriebenen Masse beunruhigte. Sowohl revolutionäre als auch nationale Parolen waren ihm, zum Verdruß mancher Zeitgenossen, fremd. Für seine eigene Person, glaubte er, sei es in politisch ungeklärten Zeiten das Beste, in seiner *stillen Werkstatt zu verharren* und *das heilige Feuer der Wissenschaft und Kunst, und wäre es auch nur als Funken unter der Asche, sorgfältig zu bewahren, damit nach vorüber gegangener Kriegesnacht bei einbrechenden Friedenstagen es an dem unentbehrlichen Prometheischen Feuer nicht fehle*[184].

# Freundschaft mit Schiller

Aus der geistigen Abschließung, in die Goethe nach seiner italienischen Reise nicht ohne eigenes Zutun geraten war, löste ihn die Bekanntschaft mit Schiller. Wie folgenreich dieses *glückliche Ereignis*[185] für ihn wurde, hat er oft betont, allerdings auch nicht ohne zu erwähnen, welche Vorstellungen eine frühere Annäherung verhindert hatten. Die *ethischen und theatralischen Paradoxen*, die sich mit den «Räubern» *im vollen hinreißenden Strome über das Vaterland ausgegossen*[186] hatten, waren seinen eigenen Gesinnungen entgegengerichtet gewesen, und selbst Schillers Eintreten für den *Werther* hatte ihn eher abgewiesen als angezogen. Durch die Beschäftigung mit den Schriften Kants hatte Schiller jedoch seit Anfang der neunziger Jahre eine Wandlung erlebt, die in ihren blicköffnenden Wirkungen der

Schiller, um 1793–1794.
Lithographie von Siegfried
D. Bendiken nach einem
Pastellbild von Ludovike
Simanowitz

vergleichbar war, welche Goethe selbst durch die Reise nach Italien erfahren hatte.

Das bei beiden Dichtern unabhängig voneinander einsetzende Bemühen um normative Kunstanschauungen ermöglichte und begünstigte die Verständigung, die sich schließlich Ende Juli 1794 nach einer Sitzung der Jenaer «Naturforschenden Gesellschaft» scheinbar *zufällig*[187] ergab: *Ein Gespräch knüpfte sich an, er [Schiller] schien an dem Vorgetragenen teil zu nehmen, bemerkte aber sehr verständig und einsichtig, wie eine so zerstückelte Art die Natur zu behandeln, den Laien, der sich gern darauf einließe, keineswegs anmuten könne. Ich erwiderte darauf: daß sie den Eingeweihten selbst vielleicht unheimlich bleibe und daß es doch wohl noch eine andere Weise geben könne, die Natur nicht gesondert und vereinzelt vorzunehmen, sondern sie wirkend und lebendig, aus dem Ganzen in die Teile strebend, darzustellen. Er wünschte hierüber aufgeklärt zu sein, verbarg aber seine Zweifel nicht; er konnte nicht eingestehen, daß ein solches, wie ich behauptete, schon aus der Erfahrung hervorgehe. Wir gelangten zu seinem Hause, das Gespräch lockte mich hinein; da trug ich die Metamorphose der Pflanzen lebhaft vor, und ließ, mit manchen charakteristischen Federstrichen, eine symbolische Pflanze vor seinen Augen entstehen. Er vernahm und schaute das alles mit großer Teilnahme; als ich aber geendet, schüttelte er den Kopf und sagte: das ist keine Erfahrung, das ist eine Idee. Ich stutzte, verdrießlich einigermaßen: denn der Punkt der uns trennte, war dadurch aufs strengste bezeichnet. Der alte Groll wollte sich regen, ich nahm mich aber zusammen und versetzte: das kann mir sehr lieb sein, daß ich Ideen habe ohne es zu wissen und sie sogar mit Augen sehe.*[188]

Schiller war es, der nach diesem vermittelnden Kontakt den nächsten Schritt machte. Mit einem Brief, der ebenso eine von Goethe erkannte *Lebensklugheit und Lebensart*[189] wie seine menschliche Größe bezeugt, legte er den Grund für die sich bald entwickelnde Freundschaft. Als er ihn schrieb, war er fünfunddreißig, Goethe fünfundvierzig Jahre alt: «Lange schon habe ich, obgleich aus ziemlicher Ferne, dem Gang Ihres Geistes zugesehen und den Weg, den Sie Sich vorgezeichnet haben, mit immer erneuerter Bewunderung bemerkt. Sie su-

chen das Nothwendige der Natur, aber Sie suchen es auf dem
schwersten Wege, vor welchem jede schwächere Kraft sich
wohl hüten wird. Sie nehmen die ganze Natur zusammen, um
über das Einzelne Licht zu bekommen. Von der einfachen Or-
ganisation steigen Sie, Schritt vor Schritt, zu den mehr ver-
wickelten hinauf, um endlich die verwickeltste von allen, den
Menschen, genetisch aus den Materialien des ganzen Naturge-
bäudes zu erbauen. Dadurch, daß Sie ihn der Natur gleichsam
nacherschaffen, suchen Sie in seine verborgene Technik einzu-

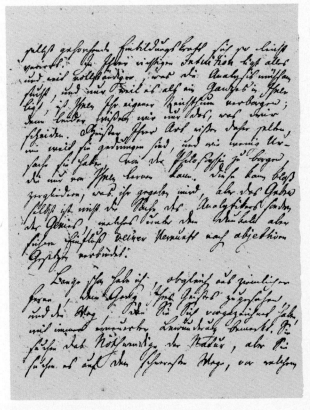

Aus Schillers Brief an Goethe vom 23. August 1794.
Der untere Absatz («Lange schon habe ich ...») ist im Text
wiedergegeben.

dringen. Eine große und wahrhaft heldenmäßige Idee, die zur Genüge zeigt, wie sehr Ihr Geist das reiche Ganze seiner Vorstellungen in einer schönen Einheit zusammenhält. [...] So ungefähr beurteile ich den Gang Ihres Geistes, und ob ich recht habe, werden Sie selbst am besten wissen.»[190]

Die Antwort Goethes folgte nur vier Tage später. Unverhohlen zeigte er darin ein Gefühl dankbarer Anerkennung: *Zu meinem Geburtstage, der mir diese Woche erscheint, hätte mir kein angenehmer Geschenk werden können als Ihr Brief, in welchem Sie, mit freundschaftlicher Hand, die Summe meiner Existenz ziehen und mich, durch Ihre Teilnahme, zu einem emsigern und lebhafteren Gebrauch meiner Kräfte aufmuntern. [...] Alles, was an und in mir ist, werde ich mit Freuden mitteilen. Denn da ich sehr lebhaft fühle, daß mein Unternehmen das Maß der menschlichen Kräfte und ihrer irdischen Dauer weit übersteigt, so möchte ich manches bei Ihnen deponieren und dadurch nicht allein erhalten, sondern auch beleben.*[191]

Aus der *ersten Bekanntschaft*[192] entwickelte sich bald ein intensiver mündlicher und schriftlicher Gedankenaustausch, der beiden Teilen *reinen Genuß und wahren Nutzen*[193] brachte. Goethe mäßigte Schillers Tendenz zu *philosophischen Spekulationen*[194], Schiller zog Goethe von seinen Naturstudien wieder mehr zur dichterischen Produktion. Bereits 1794 schrieb dieser für Schillers Zeitschrift «Die Horen» seine *Unterhaltungen deutscher Ausgewanderten* und gab einen Teil der *Römischen Elegien* zur Veröffentllichung. Als «Die Horen» dann jedoch nur eine schwache Resonanz fanden, verfaßten beide Dichter gemeinsam nahezu tausend Epigramme, die *Xenien,* in denen sie ihrem Unmut über das Publikum im allgemeinen und mißwollende Rezensenten im besonderen freien Lauf ließen. Schiller selbst nannte die 1796 im «Musen-Almanach» veröffentlichte Sammlung «wilde gottlose Satire, untermischt mit einzelnen poetischen, auch philosophischen Gedankenblitzen»[195].

Auf das «Xenienjahr» folgte das «Balladenjahr». Unter gegenseitiger Teilnahme schufen Goethe und Schiller ihre großen Balladen, darunter *Die Braut von Korinth, Der Zauberlehrling* und *Der Gott und die Bajadere* von der einen; «Der Taucher» und «Die Kraniche des Ibykus» von der anderen Seite. Seit 1796 arbeitete Schiller an der «Wallenstein»-Trilogie. Goethe schloß den schon vor vielen Jahren begonnenen Roman *Wilhelm Meisters Lehrjahre* ab und nahm die Arbeit am *Faust*, die seit seiner Reise nach Italien gestockt hatte, wieder auf. Unter dem Eindruck der Zeitereignisse schrieb er das Epos *Hermann und Dorothea*, dessen mit den Unruhen in Frankreich kontrastierende, liebenswert-idyllische Beschreibungen deutschen Bürgertums ihn zum erstenmal seit dem Erscheinen des *Werther* wieder zum volkstümlichen Autor machten.

In einer ausgedehnten Korrespondenz versuchten die beiden Dichter schließlich ihre klassizistischen Kunstanschauungen zu formulieren. Der Gedanke, den Goethe in seinen naturwissenschaftlichen Studien verfolgte: hinter wechselnden äußeren Erscheinungen das Gesetzliche zu erkennen, wurde nun auch für Poesie und Kunst bestimmend. Harmonie, Selbstvollendung, Hingabe an das «Wahre, Schöne, Gute», das Vorbild der Antike, erschienen als die Grundlagen einer würdevoll in sich selbst ruhenden Kultur. Nicht nur Schillers, auch Goethes Poesien und Abhandlungen der Zeit zeigen eine Tendenz zum Belehrenden, ja zum Lehrhaften. Der inneren Ausgeglichenheit entspricht eine Geschliffenheit der Form. Denkt man allerdings an Goethes vorausgegangene *Römische Elegien* oder an den kaum ein Jahrzehnt später entstandenen *West-oestlichen Divan*, sieht es fast so aus, als habe er den Gewinn an formaler Größe durch einen Verlust an menschlicher Substanz begleichen müssen.

Im Laufe der Jahre wurde die Zusammenarbeit der beiden Dichter so tiefgreifend, daß Goethe glauben konnte, *einen neuen Frühling, in welchem alles froh nebeneinander keimte und aus aufgeschlossenen Samen und Zweigen hervorging*[196], zu erleben. Um die Möglichkeiten des wechselseitigen Verkehrs noch intensiver zu nutzen, gab Schiller seine Professur in Jena auf und übersiedelte 1799 nach Weimar. Dadurch erfuhr auch Goethes Tätigkeit für das dortige Theater neue Impulse. Die Aufführungen der «Maria Stuart» (1800), der «Braut von Messina» (1803) und des «Wilhelm Tell» (1804) sowie der Calderón- und Shakespeare-Übertragungen August Wilhelm Schlegels gaben Gele-

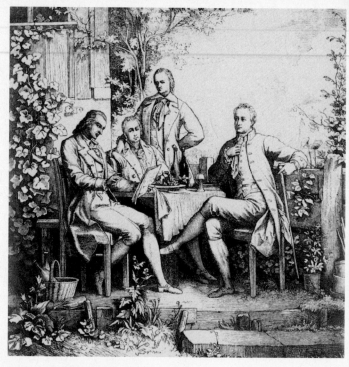

Schiller, die Brüder Humboldt und Goethe in Jena. Xylographie
von W. Aarland und A. Müller, 1797.
Zwischen 1794 und 1797 weilten sowohl Wilhelm wie Alexander
von Humboldt vielfach in Jena und traten in engen Verkehr mit
Schiller, dann auch mit Goethe. In den «Tag- und Jahresheften»
für 1797 heißt es: «Die Gebrüder von Humboldt waren gegenwärtig, und alles der Natur Angehörige kam philosophisch und
wissenschaftlich zur Sprache.»

genheit, die gemeinsam mit Schiller entwickelten Stilisie-
rungsprinzipien des Klassizismus auf der Bühne zu erproben.
Nicht zuletzt auf Grund dieser Bemühungen gewann die kleine
Residenzstadt immer mehr Ansehen als Zentrum des deut-
schen Geisteslebens. Wilhelm und Alexander von Humboldt,
Fichte, August Wilhelm und Friedrich Schlegel, Schelling und
Hegel kamen für kürzere oder längere Zeit nach Weimar oder

traten von Jena aus mit Goethe und Schiller in persönliche Beziehungen. Ausgesprochen kritische Dialoge mit den Romantikern bahnten sich zunächst im Bereich der bildenden Kunst an, wobei vor allem die von Goethe, Schiller und Meyer gemeinsam ausgearbeiteten Programme der «Weimarer Kunstfreunde» auf den Widerstand der jüngeren Generation stießen. Bezeichnend ist, wie sich der vierundzwanzigjährige Philipp Otto Runge 1802 gegen die einseitig auf Motive aus der Antike beschränkten «Weimarer jährlichen Preisaufgaben» wehrte: «Die Kunstausstellung in Weimar und das ganze Verfahren dort nimmt nachgerade einen ganz falschen Weg, auf welchem es unmöglich ist, irgend etwas Gutes zu bewirken. Wir sind keine Griechen mehr, können das Ganze schon nicht mehr so fühlen, wenn wir ihre vollendeten Kunstwerke sehen, viel weniger selbst solche hervorbringen; und warum uns bemühen, etwas Mittelmäßiges zu liefern?»[197]

Nachdem seit 1794 nur wenige Ereignisse in Goethes Leben nicht in einem mehr oder minder nahen Verhältnis zu Schiller gestanden und ihn lediglich zwei längere Reisen – 1797 in die Schweiz, 1801 nach Pyrmont und Göttingen – von Weimar entfernt hatten, brachte das Jahr 1805 ein jähes Ende der wechselseitigen Beziehungen. Sowohl Schiller als auch er selbst waren schon vom Januar an krank, der gewohnte Gedankenaustausch war unmöglich geworden. Schiller glaubte kaum noch an eine Genesung von seinen chronischen Beschwerden. Über diese Zeit schrieb Goethe später: *Indessen war ich durch zwei schreckhafte Vorfälle, durch zwei Brände, welche in wenigen Abenden und Nächten hintereinander entstanden, und wobei ich jedesmal persönlich bedroht war, in mein Übel, aus dem ich mich zu retten strebte, zurückgeworfen. Schiller fühlte sich von gleichen Banden umschlungen. Unsere persönlichen Zusammenkünfte waren unterbrochen; wir wechselten fliegende Blätter. Einige im Februar und März von ihm geschriebene zeugen noch von seinen Leiden, von Tätigkeit, Ergebung und immer mehr schwindender Hoffnung. Anfangs Mai wagt' ich mich aus, ich fand ihn im Begriff ins Schauspiel zu gehen, wovon ich ihn nicht abhalten wollte: ein Mißbehagen hinderte mich ihn zu begleiten, und so schieden wir vor seiner*

87

*Haustüre um uns niemals wieder zu sehen.*[198] Am 9. Mai 1805 starb Schiller.

Die Zeit nach Schillers Tod erschien Goethe als ein *hohler Zustand,* währenddessen er seinen laufenden Geschäften *ohne weitern Anteil zur Seite ging* und sich *von ihnen leiten ließ, anstatt sie zu leiten*[199]. In einem Brief an den Berliner Bauunternehmer und Komponisten Carl Friedrich Zelter, mit dem er schon seit mehreren Jahren in Verbindung stand und dem er sich, angezogen von dessen ungekünsteltem Wesen, im Alter immer enger anschloß, sagte er: *Seit der Zeit, daß ich Ihnen nicht geschrieben habe, sind mir wenig gute Tage geworden. Ich dachte mich selbst zu verlieren, und verliere nun einen Freund und in demselben die Hälfte meines Daseins. Eigentlich sollte ich eine neue Lebensweise anfangen; aber dazu ist in meinen Jahren auch kein Weg mehr. Ich sehe also*

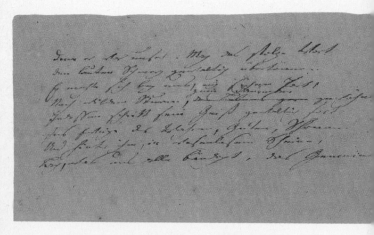

Die vierte Strophe des «Epilogs zu Schillers Glocke»,
in Goethes Handschrift;

«Denn er war unser: Mag das stolze Wort
Den lauten Schmerz gewaltig übertönen.
Er mochte sich bey uns, im sichern Port,
Nach wildem Sturm, zum Dauernden gewöhnen.
Indessen schritt sein Geist gewaltig fort
Ins Ewige des Wahren, Guten, Schönen
Und hinter ihm, in wesenlosem Scheine,
Lag, was uns alle bändigt, das Gemeine.»

*jetzt nur jeden Tag unmittelbar vor mich hin, und tue das Nächste,
ohne an eine weitere Folge zu denken.*[200]

Von seiner eigenen Erkrankung, schmerzhaften Nierenkoliken, die nach dem Tod Schillers noch zugenommen hatten, konnte Goethe sich durch eine Kur in dem bei Halle gelegenen Bad Lauchstädt erholen. Als das dortige Sommertheater zu Schillers Gedenken eine dramatische Darstellung des «Lieds von der Glocke» vorbereitete, schrieb er einen *Epilog* zu dem Gedicht mit den mehrfach wiederholten Worten *Denn er war unser* [201]. Den Gedanken an eine eigens Schiller gewidmete Totenfeier gab er jedoch, noch allzusehr unter dem Eindruck des Geschehenen, wieder auf. Auch der Versuch, das von Schiller zurückgelassene Fragment des «Demetrius»-Dramas zu vollenden, schlug fehl. Erst 1826, als Schillers Gebeine aus dem «Kassengewölbe» des Jakobsfriedhofs vor der endgültigen Beisetzung in der Fürstengruft zeitweilig in die herzogliche Bibliothek überführt wurden, gelang ihm mit dem Gedicht *Bei Betrachtung von Schillers Schädel* [202] ein ganz persönlicher Nachruf.

# Die napoleonischen Jahre

Mit dem Tod Schillers sah Goethe eine Epoche seines Lebens zu Ende gehen. Dieses Bewußtsein wurde noch verstärkt durch die politischen Entwicklungen der Zeit. Nachdem er bereits während der Kampagne von 1792 den Zusammenbruch des Heiligen Römischen Reiches vorausgesehen hatte, erschien ihm die Invasion der Franzosen in Deutschland im Jahre 1806 zwar als *gewaltsame Unterbrechung* einer Art der Bildung, die sich in einer *langen Friedens-Epoche*[203] entwickelt hatte, aber kaum als eine nationale Katastrophe. Nach seiner Meinung lag die Zukunft des deutschen Volkes in den Künsten und Wissenschaften, nicht in der Politik. Noch als Eckermann ihn vierundzwanzig Jahre später auf seine Haltung während der napoleonischen Herrschaft ansprach, äußerte er sich dementsprechend:

**Daten der Zeitgeschichte 1803–1815**

1803   Reichsdeputations-Hauptschluß
1805   Dreikaiserschlacht bei Austerlitz: Sieg Napoleons über Österreich und Rußland
1806–1807   Krieg Frankreichs gegen Preußen und Rußland
1806   Doppelschlacht bei Jena und Auerstedt: Napoleon besiegt die preußische Armee
1806   Franz II. legt die Kaiserkrone nieder. Ende des Heiligen Römischen Reiches Deutscher Nation
1812   Napoleons Feldzug gegen Rußland. Brand Moskaus, Rückzug der Franzosen
1813–1815   Deutsche Befreiungskriege
1813   Völkerschlacht bei Leipzig
1814–1815   Wiener Kongreß
1815   Schlacht bei Waterloo: Sieg Blüchers und Wellingtons über Napoleon. Verbannung Napoleons nach St. Helena

«‹Man hat Ihnen vorgeworfen›, bemerkte ich etwas unvorsichtig, ‹daß Sie in jener großen Zeit nicht auch die Waffen ergriffen oder wenigstens nicht als Dichter eingewirkt haben.› *Lassen wir das, mein Guter!* erwiderte Goethe. *Es ist eine absurde Welt, die nicht weiß, was sie will, und die man muß reden und gewähren lassen. – Wie hätte ich die Waffen ergreifen können ohne Haß! und wie hätte ich hassen können ohne*

*Jugend! Hätte jenes Ereignis mich als einen Zwanzigjährigen getroffen, so wäre ich sicher nicht der letzte geblieben; allein es fand mich als einen, der bereits über die ersten sechzig hinaus war. [...] Kriegslieder schreiben und im Zimmer sitzen! Aus dem Biwak heraus, wo man nachts die Pferde der feindlichen Vorposten wiehern hört: da hätte ich es mir gefallen lassen! Aber das war nicht mein Leben und nicht meine Sache, sondern die von Theodor Körner. Ihn kleiden seine Kriegslieder auch ganz vollkommen. Bei mir aber, der ich keine kriegerische Natur bin, würden Kriegslieder eine Maske gewesen sein, die mir sehr schlecht zu Gesicht gestanden hätte.»*[204]

Selbst als Goethe persönlich in den Strudel der kriegerischen Ereignisse geriet, bewahrte er noch Distanz. Fast wie ein Neutraler beobachtete er die Vorgänge, die am 14. Oktober 1806 zu der Niederlage des preußischen Heeres auf den Höhen zwischen Weimar und Jena führten. Als ihn allerdings noch am gleichen Tage marodierende Franzosen in seinem eigenen Haus bedrohten, wußte er sich kaum zu helfen. Wohl nur durch das energische Eingreifen Christianes kam er mit dem Leben davon. Bezeichnend ist die Zusammenfassung dieser Geschehnisse in seinem trotz aller Unruhen regelmäßig geführten Tagebuch: *Abends um fünf Uhr flogen die Kanonenkugeln durch die Dächer. Um halb sechs Einzug der Chasseurs. Sieben Uhr Brand, Plünderung, schreckliche Nacht. Erhaltung unseres Hauses*

Gesichtsmaske Goethes, 1807 von Karl Gottlob Weisser für den Phrenologen Franz Josef Gall, mit dessen Schädelstudien Goethe sich beschäftigte, abgenommen. Auf diesen Abdruck beriefen sich die Bildhauer Schadow, Rauch und Tieck bei der Gestaltung ihrer Büsten Goethes.

*durch Standhaftigkeit und Glück.*[205] Zwei Tage später kam bei ihm *ein alter Vorsatz* zur Reife: *Ich will meine kleine Freundin, die so viel an mir getan und auch diese Stunden der Prüfung mit mir durchlebte, völlig und bürgerlich anerkennen, als die Meine.*[206] Am 19. Oktober ließ er sich mit Christiane in der Sakristei der Jakobskirche trauen. Die Billigung, die diese Entscheidung bei späteren Generationen fand, wurde von den Weimarer Zeitgenossen allerdings kaum geteilt. Fast als einzige widersetzte sich damals Johanna Schopenhauer, die Mutter des Philosophen, dem gesellschaftlichen Boykott der nun formell als Gemahlin Goethes fungierenden Christiane.

Mehr noch als zuvor war Goethe seit der Schlacht bei Jena von der Größe Napoleons überzeugt. War ihm der Korse bis dahin vornehmlich als Überwinder der Französischen Revolution erschienen, so erkannte er in ihm jetzt den Ordner eines politisch zerrissenen Kontinents. Als eine Sternstunde seines Lebens betrachtete er eine persönliche Begegnung mit ihm im Jahre 1808. Die Anerkennung, die Napoleon ihm dabei zuteil werden ließ, bewegte ihn so sehr, daß er lange Zeit nur in Andeutungen darüber sprach. Erst nach beträchtlichem Zögern zeichnete er Einzelheiten der Unterredung auf:

*Den zweiten [Oktober]. Ich werde in das Kabinett gerufen. Der Kaiser sitzt an einem großen runden Tische frühstückend; zu seiner Rechten steht etwas entfernt vom Tische Talleyrand, zu seiner Linken ziemlich nah Daru, mit dem er sich über die Kontributionsangelegenheiten unterhält.*

*Der Kaiser winkt mir heranzukommen. Ich bleibe in schicklicher Entfernung vor ihm stehen. Nachdem er mich aufmerksam angeblickt, sagte er: Vous êtes un homme.*

*Ich verbeuge mich.*

*Er fragt: Wie alt seid Ihr?*

*Sechzig Jahr.*

*Ihr habt euch gut erhalten – Ihr habt Trauerspiele geschrieben.*

*Ich antwortete das Notwendigste. Hier nahm Daru das Wort, der, um den Deutschen, denen er so wehe tun mußte, einigermaßen zu schmeicheln, von deutscher Literatur Notiz genommen. Er sprach von mir wie etwa meine Gönner in Berlin mochten gesprochen haben, wenigstens erkannt' ich daran ihre Denkweise und ihre Gesinnung. Er fügte sodann hinzu, daß ich auch aus dem Französischen übersetzt habe, und zwar Voltaires Mahomet.*

*Der Kaiser versetzte: Es ist kein gutes Stück, und legte sehr umständlich auseinander wie unschicklich es sei, daß der Weltüberwinder von sich selbst eine so ungünstige Schilderung mache. Er wandte sodann das Gespräch auf den Werther, den er durch und durch mochte studiert haben. Nach verschiedenen ganz richtigen Bemerkungen bezeichnete er eine gewisse Stelle und sagte: Warum habt Ihr das getan? es ist nicht naturgemäß, welches er weitläufig und vollkommen richtig auseinandersetzte.*

*Ich hörte ihm mit heiterem Gesichte zu und antwortete mit einem vergnügten Lächeln: daß ich zwar nicht wisse ob mir irgend jemand denselben Vorwurf gemacht habe; aber ich finde ihn ganz richtig und gestehe, daß an dieser Stelle etwas Unwahres nachzuweisen*

Napoleon. Kleine vergoldete Bronzefigur eines unbekannten Künstlers. Goethe erwarb die Statuette für seine Kunstsammlung. Dort befindet sie sich noch heute.
Napoleon empfing Goethe am 2. Oktober 1808 anläßlich des Fürstenkongresses in Erfurt. Zwei weitere, kürzere Begegnungen ergaben sich am 6. und 10. Oktober in Weimar. Auf der Flucht nach seiner Niederlage in Rußland ließ Napoleon im Dezember 1815 bei einem Pferdewechsel in Weimar Grüße an Goethe übermitteln.

*sei. Allein, setzte ich hinzu, es wäre dem Dichter vielleicht zu verzei-*
*hen, wenn er sich eines nicht leicht zu entdeckenden Kunstgriffs be-*
*diene um gewisse Wirkungen hervorzubringen, die er auf einem ein-*
*fachen natürlichen Wege nicht hätte erreichen können.*

*Der Kaiser stand auf, ging auf mich los und schnitt mich durch*
*eine Art Manöver von den übrigen Gliedern der Reihe ab, in der ich*
*stand. Indem er jenen den Rücken zukehrte und mit gemäßigter*
*Stimme zu mir sprach, fragte er: ob ich verheiratet sei, Kinder habe?*
*und was sonst Persönliches zu interessieren pflegt. Ich antwortete*
*ihm auf eine natürliche Weise. Er schien zufrieden und übersetzte*
*sich's in seine Sprache, nur auf eine etwas entschiedenere Art als ich*
*mich hatte ausdrücken können.*

*Dabei muß ich überhaupt bemerken, daß ich im ganzen Ge-*
*spräch die Mannigfaltigkeit seiner Beifallsäußerung zu bewundern*
*hatte; denn selten hörte er unbeweglich zu, entweder er nickte nach-*
*denklich mit dem Kopfe oder sagte oui oder c'est bien oder dergleichen;*
*auch darf ich nicht vergessen zu bemerken, daß, wenn er ausgespro-*
*chen hatte, er gewöhnlich hinzufügte: Qu'en dit Monsieur Göt?*

*Und so nahm ich Gelegenheit bei dem Kammerherrn durch eine*
*Gebärde anzufragen ob ich mich beurlauben könne? die er bejahend*
*erwiderte, und ich dann ohne weiteres meinen Abschied nahm.*[207]

Bewußt versuchte Goethe durch Konzentration auf seine
eigenen Arbeiten ein Gegengewicht zur Unruhe und Unsicherheit der Zeit zu schaffen. Ohne die dauernde geistige Teilnahme, die ihm der Verkehr mit Schiller gebracht hatte, politisch
isoliert durch seine Reserve gegenüber der antinapoleonisch
eingestellten Öffentlichkeit, schließlich auch nicht ohne ein
Empfinden der Kränkung angesichts der kühlen Reaktion der
Weimaraner auf seine Heirat mit Christiane führte er ein
weitgehend zurückgezogenes Leben. Neben einer vielseitigen
Tätigkeit für die naturwissenschaftlichen Institute der Universität Jena setzte er seine eigenen mineralogischen und botanischen Studien fort. Er entwarf eine *Metamorphose der Tiere* und
arbeitete intensiv an der *Farbenlehre*, die schließlich zu einem
Werk von mehr als tausend Seiten anwuchs. Im Gegensatz zu
dem englischen Physiker Isaac Newton, der die – von der
modernen Forschung bestätigte – Ansicht vertreten hatte, daß

im weißen Licht alle übrigen Farben vorhanden seien, glaubte er, sämtliche Farben seien durch Trübung, durch ein Zusammenwirken von Hell und Dunkel entstanden. Die zurückhaltende Aufnahme, welche die *Farbenlehre* bei ihrem Erscheinen im Jahre 1810 erfuhr, bedeutete für ihn allerdings eine Enttäuschung, neigte er doch dazu, unter dem, was er geschaffen hatte, seine optischen Studien und nicht seine poetischen Werke als das eigentlich in die Zukunft Weisende anzusehen.

Charakteristisch für Goethes Betrachtungsweise ist ein Abschnitt aus dem *didaktischen Teil* der *Farbenlehre: Das Auge hat sein Dasein dem Licht zu danken. Aus gleichgültigen tierischen Hilfsorganen ruft sich das Licht ein Organ hervor, das seinesgleichen werde; und so bildet sich das Auge am Lichte fürs Licht, damit das innere Licht dem äußeren entgegentrete. Hierbei erinnern wir uns der alten ionischen Schule, welche mit so großer Bedeutsamkeit immer wiederholte: nur von Gleichem werde Gleiches erkannt, wie auch der Worte eines alten Mystikers, die wir in deutschen Reimen ausdrücken möchten:*

> *Wär' nicht das Auge sonnenhaft,*
> *Wie könnten wir das Licht erblicken?*
> *Lebt' nicht in uns des Gottes eigne Kraft,*
> *Wie könnt' uns Göttliches entzücken?*

*Jene unmittelbare Verwandtschaft des Lichts und des Auges wird niemand leugnen, aber sich beide zugleich als eines und dasselbe zu denken, hat mehr Schwierigkeit. Indessen wird es faßlicher, wenn man behauptet, im Auge wohne ein ruhendes Licht, das bei der mindesten Veranlassung von innen oder von außen erregt werde. Wir können in der Finsternis durch Forderungen der Einbildungskraft uns die hellsten Bilder hervorrufen. Im Traume erscheinen uns die Gegenstände wie am vollen Tage. Im wachenden Zustande wird uns die leiseste äußere Lichteinwirkung bemerkbar, ja wenn das Organ einen mechanischen Anstoß erleidet, so springen Licht und Farben hervor.*[208]

Die Einsichten, die Goethe in seinen wissenschaftlichen Arbeiten gewann, übertrug er auf die Welt des Geistes. So ist

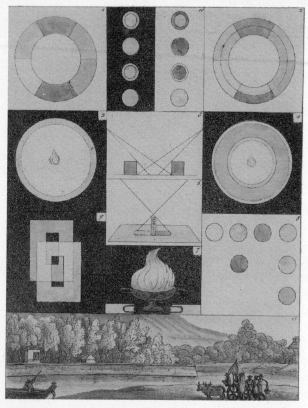

Erste Tafel der «Zu Goethes Farbenlehre gehörigen Tafeln».
Die sieben Tafeln umfassende Schrift erschien 1810 als ein
Quartheft in einer Auflage von hundert Exemplaren. Beson-
deres Gewicht gab Goethe dem als «Erste Figur» der ersten
Tafel wiedergegebenen Farbenkreis. In seinem Kommentar
bezeichnete er den Farbenkreis als ein zur Erläuterung des
«allgemeinen Farbenwesens völlig hinreichendes Schema»:
Gelb, Blau und Rot stehen «als Trias» einander gegenüber,
dazwischen sind die «intermediären, gemischten oder abge-
leiteten» Farben plaziert.

der Vorgang der *Metamorphose* ein entscheidendes Element in
seinen dichterischen Werken. Gleicherweise erscheinen *Pola-
rität* [209] und *Steigerung* [210], Schlüsselworte in seiner Naturbe-
trachtung, als Ingredienzen des menschlichen Daseins. *Pola-*

*rität,* das ständige Wechselspiel des Anziehens und Abstoßens, manifestiert sich in den Dialogen zwischen Faust und Mephistopheles ebenso wie durch das Miteinander von Hell und Dunkel in der *Farbenlehre. Steigerung,* in der Natur das Entstehen neuer Arten, findet einen Ausdruck in Goethes autobiographischen Schriften durch die dort erfaßten Stufen der Selbstverwirklichung.

Trotz des Gewichts, das Goethe seinen wissenschaftlichen Arbeiten beimaß, konzentrierte er sich darauf nicht wieder mit solcher Ausschließlichkeit wie in den Jahren nach der italienischen Reise. Zahlreiche dichterische Werke, fast mehr als in der Zeit des Umgangs mit Schiller, entstanden zwischen 1806 und 1814. Bereits im Frühjahr 1806 gelang es ihm, den Ersten Teil des *Faust,* zu dem er seit dem Druck des *Fragments* vor nahezu zwanzig Jahren immer wieder einzelnes hinzugefügt hatte, abzuschließen. Auch die Arbeit am *Wilhelm Meister* wurde neu aufgenommen. Nach einer Revision der *Lehrjahre* für eine von dem Tübinger Verleger Cotta unternommene Ausgabe seiner Werke begann er 1807 mit der Niederschrift des legendenhaft gestimmten Eingangskapitels der *Wanderjahre.* Als *Festspiel,* das in einer Zeit weltpolitischer Krisen die Menschen symbolisch auf die höheren Güter der Schönheit, der Kunst und Wissenschaft hinweisen sollte, verfaßte er die *Pandora.* Eine von Resignation überschattete Begegnung mit der achtzehnjährigen Pflegetochter des Jenaer Buchhändlers Frommann, Minchen Herzlieb, fand 1807 ihren Niederschlag in den *Sonetten,* vor allem aber in den *Wahlverwandtschaften.* Der strenge ethische Rigorismus dieses Romans, der in der Forderung nach Unauflöslichkeit der Ehe, zugleich in verzehrender Entsagung kulminierte, führte bereits bei seinem Erscheinen zu leidenschaftlichen Diskussionen. Auch zur Zeit der Wende vom 20. zum 21. Jahrhundert hält das Interesse daran noch an.

Nach Abschluß des *historischen Teils* der *Farbenlehre* und Beendigung einer umfangreichen Biographie des Malers Philipp Hackert, dessen Nachlaß ihm testamentarisch zugefallen war, faßte Goethe schließlich den Plan, sein eigenes Leben zu beschreiben. *Ich hatte Ursache mich zu fragen, warum ich dasjenige,*

*was ich für einen andern tue, nicht für mich selbst zu leisten unter-*
*nehme? Ich wandte mich daher noch vor Vollendung jenes Bandes an*
*meine eigene frühste Lebensgeschichte; hier fand sich nun freilich,*
*daß ich zu lange gezaudert hatte. Bei meiner Mutter Lebzeiten hätt'*
*ich das Werk unternehmen sollen, damals hätte ich selbst noch jenen*
*Kinderszenen näher gestanden, und wäre durch die hohe Kraft ihrer*
*Erinnerungsgabe völlig dahin versetzt worden. Nun aber mußte ich*
*diese entschwundenen Geister in mir selbst hervorrufen und manche*
*Erinnerungsmittel gleich einem notwendigen Zauberapparat müh-*
*sam und kunstreich zusammenschaffen. Ich hatte die Entwicklung*
*eines bedeutend gewordenen Kindes, wie sie sich unter gegebenen*
*Umständen hervorgetan, aber doch wie sie im allgemeinen dem Men-*
*schenkenner und dessen Einsicht gemäß wäre, darzustellen. In die-*
*sem Sinne nannt' ich bescheiden genug ein solches Werk: Wahrheit*
*und Dichtung, innigst überzeugt, daß der Mensch in der Gegenwart,*
*ja vielmehr noch in der Erinnerung, die Außenwelt nach seinen*
*Eigenheiten bildend modele.*[211]

Solch intensive Vorbereitungen erlaubten es Goethe, mit
dem Diktat des Werks, dessen Titel er des Wohlklangs wegen
dann allerdings in *Dichtung und Wahrheit* änderte, Anfang 1811
zu beginnen. Bereits ein Jahr später konnte er die beiden ersten
Teile abschließen; der dritte, der bis zum Erscheinen des *Wer-*
*ther* führte, folgte 1813. Bald danach faßte er, angeregt von Liedern des persischen Dichters Hafis, der vor fast fünfhundert
Jahren trotz politisch verworrener Zeiten Natur und Liebe be-
sungen hatte, den Plan zu einem größeren Zyklus lyrischer Gedichte. Nach dem Vorbild des Hafis wollte er ihn unter dem Titel *Divan*, das heißt «Sammlung», herausgeben.

In die Jahre nach Schillers Tod fällt auch der Beginn von
Goethes Gewohnheit, regelmäßig die böhmischen Bäder auf-
zusuchen. Manchmal zog er sich damals für fast zwei Monate
nach Karlsbad, Franzensbad, Teplitz oder Marienbad zurück.
Neben den Trinkkuren, denen er einen heilsamen Einfluß auf
seine Gesundheit zuschrieb, waren seine Aufenthalte durch
Arbeit und Forschung bestimmt. Große Teile seiner Alters-
dichtungen diktierte er in Böhmen. Bewußt genoß er zugleich
die Anregungen, die ihm der zwanglose Umgang der Bade-

Marienbad mit dem Kreuzbrunnen. Lavierte Kreidezeichnung Goethes, nach 1820.
Zwischen 1785 und 1823 besuchte Goethe die böhmischen Bäder, insbesondere Karlsbad und Marienbad, insgesamt siebzehnmal.

gesellschaft vermittelte. Außer Zelter, Herzog Carl August und Wilhelm von Humboldt traten ihm besonders der Diplomat Karl Friedrich von Reinhard und der aus Eger stammende Magistratsrat Grüner nahe. Auch mit Kaiserin Maria Ludovica von Österreich und Louis Bonaparte, dem Bruder Napoleons, kam er zusammen. Naturwissenschaftliche Interessen verbanden ihn mit dem Mineralogen Gottlob Werner und dem schwedischen Chemiker Berzelius.

Bestimmend für Goethes Geisteshaltung während der napoleonischen Jahre wurde eine zunehmende Reserve gegenüber den Romantikern, wobei nun die Literatur im Verhältnis zur bildenden Kunst mehr in den Vordergrund trat. Für deren phantastische und übertreibende, ins *Bizarre, Fratzenhafte und Karikaturartige*[212] führende Tendenzen vermochte er wenig

Verständnis aufzubringen. Selbst seine guten persönlichen Beziehungen zu einzelnen Autoren und der Respekt, der ihm von ihnen entgegengebracht wurde, änderten nicht viel an seiner wachsenden Distanzierung. So begrüßte er zwar eingedenk seiner Straßburger Bemühungen die Volksliedersammlung «Des Knaben Wunderhorn» mit einer zustimmenden Rezension, aber die eigenen Dichtungen der Herausgeber Brentano und Arnim blieben ihm fremd. Als Kleist ihm 1808, die biblische Wendung «auf den Knien meines Herzens»[213] gebrauchend, das erste Heft des «Phöbus» mit dem Fragment der «Penthesilea» übersandte, antwortete er zurückhaltend. Von den Brüdern Schlegel distanzierte er sich aus persönlicher Abneigung: *Unglückliche Menschen ihr Leben lang, wollen sie mehr vorstellen als ihnen von Natur gegönnt war.*[214] Mit Runge verbanden ihn zwar gleiche Ansichten über das Wesen der Farben, aber Bilder wie die «Tageszeiten» lehnte er ab: *Wer so auf der Kippe steht, muß sterben oder verrückt werden, da ist keine Gnade.*[215] Fast allein Goethes Beziehungen zu Schelling, auf dessen Naturphilosophie er noch im Zweiten Teil des *Faust* zurückgriff, blieben ungetrübt. Bettina Brentano, die ihm als Enkelin Sophie von La Roches, Tochter der Maximiliane Brentano und Wahltochter seiner eigenen Mutter vertraut war und deren schwärmerische Verehrung er sich nicht ungern gefallen ließ, führte durch Ungehörigkeiten gegenüber Christiane selbst eine Trennung herbei. Schließlich zeigte auch eine Begegnung Goethes mit Beethoven im Sommer 1812, wie er sich vor Kräften, die sein seelisches Gleichgewicht zu bedrohen schienen, hinter einem *harten Panzer*[216] verschloß. Obgleich er nach Beethovens Ankündigung der «Musik zu Egmont» die Hoffnung geäußert hatte, sich einmal unmittelbar an dessen *außerordentlichen Talent ergötzen*[217] zu können, obgleich Beethoven dann in Teplitz wirklich *köstlich*[218] vor ihm spielte, konnte er dessen achtungsvolle Zuneigung nicht erwidern: *Sein Talent hat mich in Erstaunen gesetzt; allein er ist leider eine ganz ungebändigte Persönlichkeit, die zwar gar nicht unrecht hat, wenn sie die Welt detestabel findet, aber sie freilich dadurch weder für sich noch für andere genußreicher macht.*[219]

# Der Weltbürger

War es Goethe in den Jahren nach Schillers Tod manchmal erschienen, als ob er selbst bereits am Rande des Daseins stände, so brachte ihm eine Reise in die Rhein- und Maingegenden, die er im Sommer 1814 nach Aufklärung des *politischen Himmels* [220] unternehmen konnte, noch einmal das Erlebnis einer *neuen Jugend* [221]. Die Wiederbegegnung mit seiner Heimat, ein *heilsamer Badeaufenthalt* in Wiesbaden und die *Teilnahme geistreicher liebender Freunde* gediehen ihm *zur Belebung und Steigerung eines glücklichen Zustandes* [222], wie er ihn seit seinem Abschied von Rom nur selten erfahren hatte. Durch Marianne von Willemer, die Gemahlin des Frankfurter Bankiers Johann Jakob von Willemer, die ihm eine schwärmerische, von ihm bald erwiderte Neigung entgegenbrachte, wurde seine seit den *Römi-*

Marianne von Willemer. Kreidezeichnung von Anton Radl, 1819. Ebenso wie Goethe betrachtete Marianne von Willemer die Umstände ihrer Bekanntschaft als höchst persönliche Erfahrungen. So ließ sie erst 1849, als Vierundsechzigjährige und längst verwitwet, den jungen Herman Grimm wissen, daß einige Gedichte des «West-oestlichen Divans», als Antworten auf Goethes poetisch verhüllte Bekenntnisse verfaßt, von ihr stammten. Grimm seinerseits gab die Enthüllungen erst 1869, nach dem Tod Mariannes, preis.

*schen Elegien* fast verstummte Fähigkeit, in Gedichten *aus vollem Herzen*[223] sprechen zu können, neu geweckt. Der *West-oestliche Divan*, den er bereits vor Antritt der Reise begonnen hatte, erfuhr einen ungeahnten Auftrieb. Als er dann im folgenden Jahr abermals nach Süddeutschland fuhr und mehrere Wochen auf der Gerbermühle, einem Landsitz am Main oberhalb Frankfurts, Gast der Willemers war, entstand die geheimnisvolle Zwiesprache des *Buchs Suleika*[224], in der Marianne von Willemer ihm als die Geliebte seines persischen Mentors Hafis-Hatem erschien. Zu diesem gewichtigsten Teil des *Divans* fügte Goethe während der nächsten Jahre noch eine Vielzahl von Versen und Sprüchen hinzu. Westliche und östliche Religion, Dichterberuf und Naturerkenntnis, Menschenweisheit und Menschentorheit, Einsicht in die Vergänglichkeit des Lebens, aber auch Freude am Irdischen waren die Themen. Beispielhaft weist das *Selige Sehnsucht* überschriebene Gedicht auf das Gesetz der Metamorphose im menschlichen Dasein:

> *Sagt es niemand, nur den Weisen,*
> *Weil die Menge gleich verhöhnet,*
> *Das Lebendge will ich preisen*
> *Das nach Flammentod sich sehnet.*
>
> *In der Liebesnächte Kühlung,*
> *Die dich zeugte, wo du zeugtest,*
> *Überfällt dich fremde Fühlung*
> *Wenn die stille Kerze leuchtet.*
>
> *Nicht mehr bleibest du umfangen*
> *In der Finsternis Beschattung,*
> *Und dich reißet neu Verlangen*
> *Auf zu höherer Begattung.*
>
> *Keine Ferne macht dich schwierig,*
> *Kommst geflogen und gebannt,*
> *Und zuletzt, des Lichts begierig,*
> *Bist du Schmetterling verbrannt.*

*Und so lang du das nicht hast,*
*Dieses: Stirb und werde!*
*Bist du nur ein trüber Gast*
*Auf der dunklen Erde.*[225]

Folgenreich wurden für Goethe mehrere Besuche bei den damals in Heidelberg ansässigen Brüdern Sulpiz und Melchior Boisserée. Ihre seit der Jahrhundertwende am Niederrhein aus säkularisierten Klöstern und Kirchen zusammengetragene Sammlung altdeutscher Tafelbilder wirkte auf ihn wie eine Offenbarung. Ja, die Fülle des Gesehenen drohte ihn zu überwältigen. Ehrlich erschüttert gestand er angesichts des Dreikönigsaltars von Rogier van der Weyden: *Da hat man nun auf seine alten Tage sich mühsam von der Jugend, welche das Alter zu stürzen kommt, seines eigenen Bestehens wegen abgesperrt, und hat sich, um sich gleichmäßig zu erhalten, vor allen Eindrücken neuer und störender Art zu hüten gesucht, und nun tritt da mit einem Male vor mich hin eine ganz neue und bisher mir ganz unbekannte Welt von Farben und Gestalten, die mich aus dem alten Gleise meiner Anschauungen herauszwingt.*[226] An der Glaubwürdigkeit dieser Äußerung, die ein Vertrauter der Boisserées überliefert, läßt sich kaum zweifeln. Und doch hatte sie nur bedingt Gültigkeit. Goethe, der sich eben damals in den Lebenskreis des Hafis versenkte, gleichzeitig an der Redaktion der *Italienischen Reise* arbeitete und sich fortgesetzt mit naturwissenschaftlichen Studien beschäftigte, konnte auf die Dauer der altdeutschen Malerei nicht mehr als einen durch liebevolle Teilnahme bestimmten Platz in seinem ganzheitlichen Konzept der Kunstwelt anweisen. Seine Reserve gegenüber dem Nicht-Klassischen war jedoch gebrochen, und die Verbindung zu den Boisserées riß seit der Begegnung in Heidelberg nicht mehr ab.

Weitere Anregungen brachte Goethe eine auf Einladung des Freiherrn vom Stein unternommene Fahrt durch die auf Beschluß des Wiener Kongresses preußisch gewordene Rheinprovinz. Auf Steins Bitte hin, dessen Bemühungen um die durch die Kriegsereignisse vernachlässigten Kunstdenkmäler des Landes zu unterstützen, verfaßte er den Bericht *Kunst und*

*Altertum am Rhein und Main*, in dem er nicht allein über die vorgefundenen Bauten, Sammlungen und akademischen Institute Rechenschaft gab, sondern bewußt versuchte, eine *fortschreitende Tätigkeit aller Unternehmenden* [227] zu bewirken. Der von den Romantikern erträumte Ausbau des seit Jahrhunderten unvollendet stehenden Doms in Köln erfuhr durch seine Fürsprache einen nachhaltigen Impuls. Bezeichnend für seine Haltung war dabei, wie er noch über seine einzelnen Vorschläge zur Denkmalpflege den Plan stellte, eine allgemeine höhere Bildung in Deutschland zu fördern. So fällt im Zusammenhang mit der Frage, ob man die eingegangenen Universitäten in Köln und Bonn wiederbeleben solle, die Bemerkung, daß *in unsern Tagen nicht mehr von Schul- und Parteiwissen, sondern von allgemeinen Weltansichten, auf echte Kenntnisse gegründet* [228], die Rede sein müsse. Aus dem Memorandum über die rheinischen Kunstanstalten entwickelte sich später die Zeitschrift *Über Kunst und Altertum.*

**Daten der Zeitgeschichte 1815–1833**

1815    Heilige Allianz der Fürsten Österreichs, Rußlands und Preußens

1817    Wartburgfest der Burschenschafter

1819    Karlsbader Beschlüsse

1821–1829    Unabhängigkeitskampf der Griechen gegen die Türkenherrschaft

1825    Der Aufstand der russischen Dekrabisten niedergeworfen

1830    Juli-Revolution in Paris. Unruhen in Mitteldeutschland

1832    Hambacher Fest

1833    Gründung des deutschen Zollvereins

Hatte Goethe seine Aufenthalte an Rhein und Main ähnlich wie früher die italienische Reise als eine Art von *Wiedergeburt* [229] empfunden, so bereiteten ihm die folgenden Jahre erneut Schmerz und Enttäuschungen. Am 6. Juni 1816 starb Christiane. Selbst in seinem sachlich-unpersönlich geführten Tagebuch konnte er seine Erschütterung nicht verbergen: *Nahes Ende meiner Frau. Letzter fürchterlicher Kampf ihrer Natur. Sie verschied gegen Mittag. Leere und Totenstille in und außer mir.* [230] Als dann noch im gleichen Sommer bei Antritt einer beabsichtigten dritten Fahrt nach Süddeutschland kurz hinter Weimar die Achse seines Reisewagens brach, glaubte er den Unfall als einen Wink des Schicksals auffassen zu sollen und beschloß, keine größeren Reisen mehr zu unternehmen. Schließlich führten Intrigen der von Großherzog Carl August begünstigten Schauspielerin Caroline Jagemann im April 1817 zu seinem Rücktritt von der Direktion des Hoftheaters. Wohl nicht zu Unrecht empfand er die Form der Verabschiedung nach seiner mehr als vierzigjährigen Verbindung mit dem Schauspielwesen Weimars als Brüskierung und blieb dem Großherzog gegenüber für längere Zeit verstimmt.

Im großen und ganzen waren jedoch die letzten beiden Jahrzehnte Goethes weniger durch markante äußere Ereignisse als durch ein regelmäßiges, von Tag zu Tag fortschreitendes Arbeiten geprägt. Mehr und mehr wurde das anspruchslos eingerichtete *hintere Zimmer* [231] des Hauses am Frauenplan – daneben lagen noch die Bibliothek und eine kleine Schlafkammer – Mittelpunkt seiner Welt. In dem niedrigen, dem Hausgarten zugewandten Raum konnte er, losgelöst von seiner äußeren Umgebung, morphologische Versuche und Beobachtungen anstellen, lesen und diktieren. Fast unbegreiflich erscheint dabei das Ausmaß des von ihm Geleisteten. Neben der «Oberaufsicht über die unmittelbaren Anstalten für Wissenschaft und Kunst», die er bis zum Ende seines Lebens innehatte, stand eine Fülle eigener Arbeiten. Die dichterischen Produktionen, auf die er sich nach Abschluß des *West-oestlichen Divans* vor allem konzentrierte, *Wilhelm Meisters Wanderjahre* und der Zweite Teil des *Faust*, wurden

Über Goethes Art zu diktieren berichtet Johann Christian Schuchardt: «In den letzten acht Lebensjahren des Dichters, während welcher Zeit ich sein Sekretär war, habe ich ihn niemals mehr als seinen Namen am Stehpulte schreiben sehen; er pflegte nur zu diktieren. Beim Diktieren ging er nicht auf und ab, denn dazu war das Zimmer zu klein, sondern um den Tisch herum. Dabei floß es ihm ohne Unterbrechung vom Munde, daß ich kaum mit der Feder zu folgen vermochte. Er hatte seine Stoffe schon vorher im Geiste völlig ausgearbeitet. Von der gewöhnlichen Umgebung schien er dabei nichts wahrzunehmen; war er aber gestört oder von einem Besuche abgerufen worden, so zeigte er sich, wenn er zurückkehrte, nicht im mindesten beirrt, sondern nahm das Diktat wieder auf, ohne sich auch nur die letzten Sätze vorlesen zu lassen.»
In: Robert Springer, Die klassischen Stätten von Jena und Ilmenau, 1869

Goethe in seinem Arbeitszimmer, dem Kopisten
Johann August John diktierend.
Ölgemälde von Joseph Schmeller, 1831

zum Gefäß seines in die Zukunft gerichteten Vermächtnisses.
Daneben setzte er die mehr rückwärts blickende Beschreibung
seines eigenen Lebens fort: 1816 vollendete er den Ersten Teil
der *Italienischen Reise*, 1822 die *Kampagne in Frankreich*, 1829 den
*Zweiten römischen Aufenthalt*. Die von ihm seit 1816 herausge-
gebenen Zeitschriften *Über Kunst und Altertum* und *Zur Naturwissenschaft überhaupt* boten ihm Gelegenheit zu einer vielfältigen Kommunikation mit der Außenwelt. Durch Einschluß
persönlich gefärbter Rezensionen und von Berichten über Zu-

gänge zu seinen Kunstsammlungen machte er sie zu ganz und gar seine weitläufigen Interessen, nicht zuletzt auch seine Neigungen und Abneigungen spiegelnden Organen.

Außer den poetischen und publizistischen Wirkungen in die Öffentlichkeit verband ihn sein Schriftverkehr mit einer Vielzahl von Zeitgenossen. Neben dem umfangreichen Briefwechsel mit Zelter, in dem er Gedanken über die Künste wie über allgemein Menschliches niederlegte, sind dabei die Korrespondenzen mit Reinhard, Sulpiz Boisserée und Wilhelm von Humboldt bedeutungsvoll. Der Stil der Altersbriefe wird konzentrierter als der früherer Jahre, manchmal aber auch geheimnisvoll sibyllinisch. Symptomatisch dafür sind hier und dort in die Schreiben eingeschobene Floskeln, die man als Ausblicke auf Höheres charakterisieren kann. So grüßte er Zelter mit den Worten: *Die moralische Weltordnung erhalte Dich*[232], und einen Brief an Boisserée schloß er durch die Formel: *Dem Urquell alles Schönen und Guten zum frömmsten und allertreusten empfehlend*[233]. In jedem einzelnen solcher symbolgeladenen Worte, die als Gruß, als Rückschau auf Erlebtes oder als Blick auf das zu Erwartende viele hundert Male erscheinen, mag man wohl eine isolierte Aussage erkennen. In ihrer Gesamtheit betrachtet vermitteln sie jedoch den Eindruck, daß es sich um konsequent formulierte Äußerungen, ja geradezu um von Goethe peu à peu vorgelegte Fragmente seiner Weltschau und damit zugleich um Botschaften an die Nachwelt handelt.

Einen Schlüssel zum Verständnis von Goethes Vielgeschäftigkeit gibt sein Konzept des menschlichen Daseins als ein Ringen um das Nutzen des Augenblicks. *Die Zeit ist unendlich lang und jeder Tag ein Gefäß, in das sich sehr viel eingießen läßt, wenn man es wirklich ausfüllen will*[234], heißt es in *Dichtung und Wahrheit*. Wie er selbst durch Aufmerksamkeit auf jede Stunde Raum für seine zahlreichen Vorhaben zu gewinnen suchte, offenbaren seine mehr als fünfzig Jahre hindurch und seit 1806 mit absoluter Regelmäßigkeit geführten Tagebücher. Die Eintragungen halfen ihm, im Tage zu stehen und gleichzeitig Abstand zu gewinnen; sie erlaubten ihm, das einzelne Ereignis als Teil seines Lebenslaufs zu sehen und so bereits *im Gegenwärti-*

*gen Vergangnes*²³⁵ zu erkennen. Nichts kann sein Bekenntnis, sein Dasein sei im Grunde kaum etwas anderes als Mühe und Arbeit gewesen und erscheine ihm als *das ewige Wälzen eines Steines, der immer von neuem gehoben sein wollte*²³⁶, besser veranschaulichen als die in den Tagebüchern gegebenen Rechenschaftslegungen über den Gebrauch seiner Zeit.

Trotz solcher Konzentration auf seine Arbeit isolierte sich Goethe nicht mehr, wie er es in früheren Jahren getan hatte, gegenüber seiner Umgebung. Fast täglich sah er Gäste bei sich, oft zum Vorzeigen seiner graphischen Sammlungen, zu Kammerkonzerten oder zu wissenschaftlichen Demonstrationen. Je weniger er selbst Weimar verließ, desto mehr öffnete er sein Haus der Welt. Bezeichnend ist dabei, daß unter seinen Besu-

*Warum stehen sie davor?* *Kämen sie getrost herein*
*Ist nicht Thüre da und Thor?* *Würden wohl empfangen seyn*
*Goethe 1828*

Goethes Haus am Frauenplan in Weimar. Goethe bezog das Haus 1782 als Mieter. Zehn Jahre später erhielt er es als Geschenk des Herzogs Carl August. Er wohnte dort bis zu seinem Tod. – Stich von Ludwig Schütze nach einer Zeichnung Otto Wagners mit Goethes faksimilierter Unterschrift von 1828:

Warum stehen sie davor?      Kämen Sie getrost herein
Ist nicht Thüre da und Thor? Würden wohl empfangen seyn.

chern nicht Dichter und Schriftsteller, sondern Naturforscher und Kunstgelehrte, Entdeckungsreisende und Erzieher, Männer des praktischen Lebens, in der Überzahl waren.

Goethes Gastfreiheit hatte allerdings auch Grenzen. Um sich vor Zudringlichkeiten und Anmaßungen von Menschen, die ihn wie eine Sehenswürdigkeit aufsuchen wollten, zu schützen, konnte er bewußt abstoßend sein. So entstand die Legende von dem geheimrätlichen Alten, der Außenstehenden mit kaum überbrückbarer Distanz entgegentrat. Über eine solche nicht allzu erfreulich verlaufene Visite berichtet der bayrische Historiker Karl Heinrich von Lang aus dem Jahre 1826: «Auf der Rückreise ging's nach Weimar, wo ich mich vom Teufel verblenden ließ, mich bei seinem alten Faust, dem Herrn von Goethe, in einem mit untertänigsten Kratzfüßen nicht sparsamen Brieflein anzumelden. Ich war angenommen um halb eins. Ein langer, alter, eiskalter steifer Reichsstadtsyndikus trat mir entgegen in einem Schlafrock, winkte mir, mich niederzusetzen, blieb tonlos an allen Seiten, die ich bei ihm anschlagen wollte, stimmte bei allem, was ich ihm vom Streben des Kronprinzen von Bayern sagte, zu und brach dann in die Worte aus: *Sagen Sie mir, ohne Zweifel werden Sie auch in Ihrem Ansbacher Bezirk eine Brandversicherungsanstalt haben?* Antwort: Jawohl. – Nun erging die Einladung, alles im kleinsten Detail zu erzählen, wie es bei eintretenden Bränden gehalten werde. Ich erwiderte ihm, es komme darauf an, ob der Brand wieder gelöscht werde oder Ort oder Haus wirklich abbrenne. – *Wollen wir, wenn ich bitten darf, den Ort ganz und gar abbrennen lassen.* – Ich blies also mein Feuer an und ließ alles verzehren, die Spritzen vergeblich sausen, rücke anderen Tages mit meinem Augenscheine aus, lasse den Schaden einschätzen, von der Schätzung so viel als möglich herunterknickern, dann neue Schönheitsbaurisse machen, die in München Jahr und Tag liegen bleiben, während die armen Abgebrannten in Baracken und Kellern schmachten, und zahle dann in zwei, drei Jahren das abgehandelte Entschädigungssümmlein heraus. Das hörte der alte Faust mit an und sagte: *Ich danke Ihnen.* Dann fing er weiter an: *Wie stark ist denn die Menschenzahl von so einem Rezat-*

*kreis bei Ihnen?* Ich sagte: Etwas über 500000 Seelen. – *So! So!* sprach er. *Hm! hm! Das ist schon etwas.* (Freilich mehr als das Doppelte vom ganzen Großherzogtum Weimar.) Ich sagte: Jetzt, da ich die Ehre habe, bei Ihnen zu sein, ist dort eine Seele weniger. Ich will mich aber auch wieder dahin aufmachen und mich empfehlen. – Darauf gab er mir die Hand, dankte mir für die Ehre meines Besuches und geleitete mich zur Tür. Es war mir, als wenn ich mich beim Feuerlöschen erkältet hätte.»[237]

Unabhängig von den wechselnden Besuchern bewegte sich um Goethe ein kleiner Kreis von Altersfreunden und engeren Mitarbeitern. Neben Zelter, Kanzler von Müller, dem leitenden Justizbeamten des Landes, und Meyer schenkte er besonders dem Philologen Riemer, seinem Arzt Vogel und dem aus Genf stammenden, als Prinzenerzieher nach Weimar berufenen Naturforscher Soret sein Vertrauen. Und schließlich kam 1823 Johann Peter Eckermann, damals dreißig Jahre alt, ein Autodidakt und enthusiastischer Verehrer der Schriften Goethes, nach Weimar. Er wurde für den Dichter über eine Dekade hinweg ein fast unentbehrlicher Gehilfe, vornehmlich bei editorischen und archivalischen Geschäften. Die von ihm aufgezeichneten «Gespräche mit Goethe in den letzten Jahren seines Lebens» zählte ein so anspruchsvoller Leser wie Nietzsche zu dem Bedeutendsten, was in deutscher Prosa geschrieben wurde.

Den innersten Zirkel der Menschen um Goethe bildete schließlich die eigene Familie. Sein Sohn August, an dem er sehr hing, trat nach dem Studium der Rechtswissenschaften in den weimarischen Staatsdienst ein und wurde sein Helfer bei der «Oberaufsicht» über die künstlerischen und wissenschaftlichen Anstalten des Herzogtums. Ein Jahr nach dem Tod Christianes vermählte August sich mit Ottilie von Pogwisch, der Tochter eines preußischen Offiziers und einer weimarischen Hofdame. Die von Goethe verwöhnte Schwiegertochter brachte viel Geselligkeit, durch einen Hang zum Regellosen aber auch manche Unruhe in das Haus am Frauenplan. Ihre Ehe mit Goethes Sohn gestaltete sich im Laufe der Zeit schwierig und belastete diesen kaum weniger als die Stellung im Schatten seines patriarchalisch bestimmenden Vaters. Drei Kinder

August von Goethe. Kreidezeichnung von Joseph Schmeller, um 1823.
Um Distanz von seinen dienstlich wie häuslich bedingten Belastungen zu gewinnen, unternahm Goethes Sohn, nicht zuletzt auf Anraten seines Vaters, 1830 eine große Reise nach Italien. An den Pocken erkrankt starb er am 27. Oktober in Rom.

Augusts und Ottilies: Walther, Wolfgang und Alma, wurden 1818, 1820 und 1827 geboren. Goethe war für sie ein fürsorglicher Großvater, er ließ sie um sich spielen und kümmerte sich um ihre Erziehung. Bei den Knaben gab es dabei wohl gelegentlich *pädagogische Mißhelligkeiten*[238], aber im allgemeinen scheint er gegenüber den Enkeln von großer Geduld gewesen zu sein und oft seinen Zeitgeiz vergessen zu haben.

Einen tiefen Einschnitt in Goethes Alter bezeichnete seine letzte Badereise nach Böhmen im Jahre 1823. Seine immer erneute Bereitschaft und Fähigkeit, sich einem anderen Menschen hinzugeben, brachte ihn noch einmal dazu, in einen *leidenschaftlichen Zustand*[239] zu verfallen. Aus einer väterlichen Zuneigung zu der anmutigen Ulrike von Levetzow, der Enkelin seines Marienbader Quartierherrn, entwickelte sich eine fast jünglinghafte Liebe, die so weit führte, daß er, damals vierundsiebzig Jahre alt, um die Hand der Neunzehnjährigen warb.

Ulrike von Levetzow als Siebzehnjährige, zwei Jahre bevor Goethe in Marienbad um ihre Hand warb.
Pastellbildnis von unbekannter Hand aus dem Jahre 1821

Äußere Widerstände, nicht zuletzt aber eine zögernde Antwort Ulrikes selbst bewegten ihn jedoch zum Verzicht. Niederschlag dieser, wie Goethe selbst spürte, letzten *seligen Höhe*[240] seines Lebens wurde die *Marienbader Elegie*. Auf zarteste Weise vermittelt sie eine Verbindung zwischen seinem persönlichen *Wünschen, Hoffen und Verlangen*[241] und seinem Glauben an ein Göttliches im Menschen:

> *War Fähigkeit zu lieben, war Bedürfen*
> *Von Gegenliebe weggelöscht, verschwunden,*
> *Ist Hoffnungslust zu freudigen Entwürfen,*
> *Entschlüssen, rascher Tat sogleich gefunden!*
> *Wenn Liebe je den Liebenden begeistet,*
> *Ward es an mir aufs lieblichste geleistet;*

*Und zwar durch sie! – Wie lag ein innres Bangen*
*Auf Geist und Körper, unwillkommner Schwere:*
*Von Schauerbildern rings der Blick umfangen*
*Im wüsten Raum beklommner Herzensleere;*
*Nun dämmert Hoffnung von bekannter Schwelle,*
*Sie selbst erscheint in milder Sonnenhelle.*

*Dem Frieden Gottes, welcher euch hienieden*
*Mehr als Vernunft beseliget – wir lesens –*
*Vergleich ich wohl der Liebe heitern Frieden*
*In Gegenwart des allgeliebten Wesens;*
*Da ruht das Herz, und nichts vermag zu stören*
*Den tiefsten Sinn, den Sinn: ihr zu gehören.*

*In unsers Busens Reine wogt ein Streben,*
*Sich einem Höhern, Reinern, Unbekannten*
*Aus Dankbarkeit freiwillig hinzugeben,*
*Enträtselnd sich den ewig Ungenannten;*
*Wir heißens: fromm sein! – Solcher seligen Höhe*
*Fühl ich mich teilhaft, wenn ich vor ihr stehe.*[242]

Die in der *Marienbader Elegie* ausgesprochene Entsagung von persönlichen Leidenschaften und das damit verbundene, nun endgültige Gefühl des Altseins, der weitgehende Abschluß seiner Lebensbeschreibung und das Dahinscheiden so mancher Zeitgenossen ließen Goethe mehr und mehr den Blick auf das *Dauernde und Verschwundene*[243] seiner Existenz richten. *Darf ich mich in altem Zutrauen ausdrücken*, schrieb er 1831 an Wilhelm von Humboldt, *so gesteh ich gern, daß in meinen hohen Jahren mir alles mehr und mehr historisch wird: ob etwas in der vergangenen Zeit, in fernen Reichen oder mir ganz nah räumlich im Augenblicke vorgeht, ist ganz eins, ja ich erscheine mir selbst immer mehr und mehr geschichtlich.*[244] Um ein im gleichen Maße wachsendes Gefühl der geistigen Abhängigkeit von seiner Umwelt zu erklären, nannte er sich ein *kollektives Wesen*[245], das fortwährend empfange und lerne. *Es ist wahr, ich habe in meinem langen Leben mancherlei getan und zustande gebracht, dessen ich mich allenfalls rühmen könnte. Was hatte ich aber, das eigentlich mein war, als die Fähigkeit und Neigung, zu sehen und zu hören, zu unterscheiden und zu wählen, und das Gesehene und Gehörte mit einigem Geist zu beleben und mit einiger Geschicklichkeit wieder zu geben?* [246]

Je mehr für Goethe sein eigenes Dasein in den Hintergrund trat, desto mehr reflektierte er über künftige Entwicklungen der ihm überschaubaren Welt. Das ausgebreitete Zeitungswesen späterer Jahrzehnte antizipierend, sprach er von *diesen schlechten Tagen kritisierender und zersplitternder Journale* [247], die zwar *eine Art Halbkultur* in die Massen bringen, aber für das hervorbringende Talent *ein fallendes Gift* sind, *das den Baum seiner Schöpfungskraft zerstört* [248]. In *Wilhelm Meisters Wanderjahren* beschrieb er die Gefahren eines *überhand nehmenden Maschinenwesens*, das sich *wie ein Gewitter langsam, langsam* heranwälze, das *kommen und treffen* [249] werde. Und gegenüber Zelter beklagte er die Unrast der jüngeren Generation: *Alles ist jetzt ultra, alles transzendiert unaufhaltsam, im Denken wie im Tun. Niemand kennt sich mehr, niemand begreift das Element, worin er schwebt und wirkt, niemand den Stoff, den er bearbeitet. [...] Junge Leute werden viel zu früh aufgeregt und dann im Zeitstrudel fortgerissen; Reichtum und Schnelligkeit ist, was die Welt bewundert und wornach jeder strebt; Eisenbahnen, Schnellposten, Dampfschiffe und alle mögliche Fazilitäten der Kommunikation sind es, worauf die gebildete Welt ausgeht, sich zu überbieten, zu überbilden und dadurch in der Mittelmäßigkeit zu verharren.* [250]

Konnte Goethe sich bei solchen Betrachtungen zu den *Letzten einer Epoche, die sobald nicht wiederkehrt* [251] zählen, so bedauerte er doch manchmal, die Fortschritte des kommenden Jahrhunderts nicht mehr erleben zu können. Ausgehend von der Möglichkeit, einen Kanal durch den Isthmus von Panama zu bauen, äußerte er seine Ansichten über künftige Entwicklungen der Weltschiffahrt: *Gelänge ein Durchstich derart, daß man mit Schiffen von jeder Ladung und jeder Größe durch einen Kanal aus dem Mexikanischen Meerbusen in den Stillen Ozean fahren könnte, so würden daraus für die ganze zivilisierte und nicht zivilisierte Menschheit unberechenbare Resultate hervorgehen. Wundern sollte es mich aber, wenn die Vereinigten Staaten es sich sollten entge-*

*hen lassen, ein solches Werk in ihre Hände zu bekommen. Es ist vor-*
*auszusehen, daß dieser jugendliche Staat, bei seiner entschiedenen*
*Tendenz nach Westen, in dreißig bis vierzig Jahren auch die großen*
*Landstrecken jenseits der Felsengebirge in Besitz genommen und be-*
*völkert haben wird. [...] Zweitens möchte ich erleben, eine Verbin-*
*dung der Donau mit dem Rhein hergestellt zu sehen. Aber dieses Un-*
*ternehmen ist gleichfalls so riesenhaft, daß ich an der Ausführung*
*zweifle, zumal in Erwägung unserer deutschen Mittel. Und endlich*
*drittens möchte ich die Engländer im Besitz eines Kanals von Suez se-*
*hen. Diese drei großen Dinge möchte ich erleben, und es wäre wohl*
*der Mühe wert, ihnen zu Liebe es noch einige fünfzig Jahre auszuhal-*
*ten.*[252] Diese Gedanken Goethes stammen aus dem Jahre 1827.

Der Kanal von Suez wurde 1869 voll-
endet, der Panamakanal 1914. Die
Verbindung der Donau mit dem
Rhein brachte erst die jetzt lebende
Generation zustande.

> Goethe vereinigt die Haupt-
> charakterzüge des deutschen
> Geistes in sich. Er besitzt sie
> in der Tat sämtlich in einem
> sehr hohen Grade: eine große
> Gedankentiefe, die Grazie, die
> aus der Einbildungskraft ent-
> springt, und die weit eigen-
> tümlicher ist als die Anmut,
> welche der gesellige Verkehr
> verleiht, und endlich eine zu-
> weilen phantastische Erreg-
> barkeit und Beweglichkeit,
> die aber eben deshalb um so
> mehr dazu angetan ist, Leser
> zu interessieren, die in den
> Büchern etwas suchen, was
> ihr monotones Dasein belebt,
> und die verlangen, daß die
> Poesie bei ihnen die Stelle
> wirklicher Ereignisse vertrete.
>
> Germaine de Staël:
> De l'Allemagne, 1813

Der Ausdehnung des Blicks auf
welthistorische Zusammenhänge
entsprach die Entwicklung von Goethes literarischen Interessen. Nachdem ihm bereits seit seiner Jugend
nicht nur die bedeutendsten Werke
der deutschen, sondern auch der englischen und französischen Literatur
vertraut waren; nachdem er sich zu
Schillers Lebzeiten besonders mit der
Antike beschäftigt hatte; nachdem er
durch seine Divan-Studien in die
Welt des Orients eingedrungen war;
und, auf Anregungen Boisserées hin,
auch an der *Nibelungischen Tafel ge-*
*schmaust*[253] hatte, bemühte er sich nun, in einem systemati-
schen Ansatz einen Überblick über die Dichtungen der Völker,
einschließlich derer Indiens und Chinas, zu gewinnen. Beinahe
mit Besessenheit las er die jüngeren Autoren des Auslands: Byron, Walter Scott, Mérimée, Victor Hugo und Manzoni – um nur

die wichtigsten Namen zu nennen. Immer nachdrücklicher vertrat er in seiner Zeitschrift *Über Kunst und Altertum* die These, daß die Dichtkunst *ein Gemeingut der Menschheit* sei, daß sie überall und zu allen Zeiten *in Hunderten und aber Hunderten von*

Gestochener und kolorierter Titel zum «West-oestlichen Divan». Die arabische Inschrift lautet auf deutsch: «Der östliche Divan vom westlichen Verfasser».

*Menschen* hervortrete.[254] Schließlich konzipierte er die Idee eines zwischen den Nationalliteraturen entstehenden Prozesses der Wechselwirkung und prägte dafür den Begriff *Weltliteratur*. In diesem Sinne erklärte er in einem Memorandum vom März 1830: *Wenn nun aber eine solche Weltliteratur, wie bei der sich immer vermehrenden Schnelligkeit des Verkehrs unausbleiblich ist, sich nächstens bildet, so dürfen wir nur nicht mehr und nichts anders von ihr erwarten, als was sie leisten kann und leistet. Die weite Welt, so ausgedehnt sie auch sei, ist immer nur ein erweitertes Vaterland und wird, genau besehen, uns nicht mehr geben, als was der einhei-*

*mische Boden auch verlieh; was der Menge zusagt, wird sich gren-*
*zenlos ausbreiten und, wie wir jetzt schon sehen, sich in allen Zonen*
*und Gegenden empfehlen; dies wird aber dem Ernsten und eigentlich*
*Tüchtigen weniger gelingen; diejenigen aber, die sich dem Höheren*
*und dem höher Fruchtbaren gewidmet haben, werden sich geschwin-*
*der und näher kennenlernen. Durchaus gibt es überall in der Welt sol-*
*che Männer, denen es um das Gegründete und von da aus um den wah-*
*ren Fortschritt der Menschheit zu tun ist.*[255]

Eines der wesentlichen Mittel zur Verbindung der einzelnen Nationalliteraturen sah Goethe in der Übersetzung
ausländischer Dichtungen. Er förderte nicht nur die Shakespeare-Übertragungen der Brüder Schlegel, sondern auch die
Bemühungen des Berliner Romanisten Johann Diederich Gries,
der Calderón und Dante verdeutschte. Nicht unbeträchtlich
war schließlich sein eigener Anteil an Übersetzungen: Aus dem
Italienischen übertrug er die Lebensbeschreibung des Benve-
nuto Cellini, aus dem Französischen Diderots «Le Neuveu de
Rameau» und von Voltaire die Tragödie «Mahomet», aus dem
Niederdeutschen das Tierepos *Reineke Fuchs*. Dazu kamen noch
zahlreiche Gedichte aus dem Spanischen, Kroatischen, Finni-
schen und Neugriechischen.

Eine Ausweitung ins Allgemeine erfuhren auch Goethes
religiöse Überzeugungen. Hatte er in seiner Jugend zwischen
einem dichterisch verhüllten Pantheismus und einem, wie er
es rückblickend in *Dichtung und Wahrheit* nannte, *Christentum*
*zu meinem Privatgebrauch*[256] gestanden, hatte er sich seit den
ersten Weimarer Jahren zu einem ethischen Humanismus bekannt, so glaubte er im Alter immer mehr, *bei den mannigfalti-*
*gen Richtungen seines Wesens, nicht an e i n e r Denkweise genug ha-*
*ben*[257] zu können. An Friedrich Heinrich Jacobi schrieb er 1813
in absichtlicher Zuspitzung: *Als Dichter und Künstler bin ich*
*Polytheist, Pantheist hingegen als Naturforscher, und eins so entschie-*
*den als das andre. Bedarf ich eines Gottes für meine Persönlichkeit,*
*als sittlicher Mensch, so ist dafür auch schon gesorgt. Die himm-*
*lischen und irdischen Dinge sind ein so weites Reich, daß die Organe*
*aller Wesen zusammen es nur erfassen mögen.*[258]

Wie er schon als Vierundzwanzigjähriger im *Brief des*

*Pastors* die kirchliche Darbietung der christlichen Lehre kritisiert hatte, lehnte Goethe auch in späteren Jahren alle in Orthodoxie erstarrten oder dogmatisch eingeengten Vorstellungen ab. Als seine einstige Brieffreundin Auguste zu Stolberg, nachmals Gemahlin des dänischen Ministers Bernstorff, 1822 einen rührenden Versuch machte, ihn im Sinne einer kirchlichen Gläubigkeit zu «retten»[259], versteckte er sich hinter vage gehaltenen Äußerungen: *Lange leben heißt gar vieles überleben, geliebte, gehaßte, gleichgültige Menschen, Königreiche, Hauptstädte, ja Wälder und Bäume, die wir jugendlich gesäet und gepflanzt. Alles dieses Vorübergehende lassen wir uns gefallen; bleibt uns nur das Ewige jeden Augenblick gegenwärtig, so leiden wir nicht an der vergänglichen Zeit. Redlich habe ich es mein Lebelang mit mir und andern gemeint und bei allem irdischen Treiben immer aufs Höchste hingeblickt; Sie und die Ihrigen haben es auch getan. Wirken wir also immerfort, so lang es Tag für uns ist, für andere wird auch eine Sonne scheinen, sie werden sich an ihr hervortun und uns indessen ein helleres Licht erleuchten. Und so bleiben wir wegen der Zukunft unbekümmert! In unseres Vaters Reiche sind viel Provinzen, und da er uns hier zu Lande ein so fröhliches Ansiedeln bereitete, so wird drüben gewiß auch für beide gesorgt sein.*[260]

Unter Einschränkungen gegenüber den kirchlichen Institutionen, aber voller Respekt vor der *Hoheit und sittlichen Kultur des Christentums, wie es in den Evangelien schimmert und leuchtet*[261], drückte Goethe die Hoffnung aus, daß es der Menschheit gelingen werde, *nach und nach aus einem Christentum des Wortes und Glaubens immer mehr zu einem Christentum der Gesinnung und Tat*[262] zu finden. Im Geiste einer solchen Weltgläubigkeit tendierte er zu einem religiösen Universalismus, auf den er besonders im Zweiten Teil des *Faust*, in *Wilhelm Meisters Wanderjahren* und in seiner späten Lyrik hindeutete. Neben den Gedichten *Proömion, Eins und Alles* und den *Urworten Orphisch* ist das 1829 entstandene *Vermächtnis* von höchstem Gewicht:

> *Kein Wesen kann zu nichts zerfallen!*
> *Das Ewge regt sich fort in allen,*
> *Am Sein erhalte dich beglückt!*

*Das Sein ist ewig: denn Gesetze*
*Bewahren die lebendgen Schätze,*
*Aus welchen sich das All geschmückt.*

*Das Wahre war schon längst gefunden,*
*Hat edle Geisterschaft verbunden;*
*Das alte Wahre, faß es an!*
*Verdank es, Erdensohn, dem Weisen,*
*Der ihr, die Sonne zu umkreisen,*
*Und dem Geschwister wies die Bahn.*

*Sofort nun wende dich nach innen:*
*Das Zentrum findest du da drinnen,*
*Woran kein Edler zweifeln mag.*
*Wirst keine Regel da vermissen:*
*Denn das selbständige Gewissen*
*Ist Sonne deinem Sittentag.*

*Den Sinnen hast du dann zu trauen*
*Kein Falsches lassen sie dich schauen,*
*Wenn dein Verstand dich wach erhält.*
*Mit frischem Blick bemerke freudig*
*Und wandle, sicher wie geschmeidig,*
*Durch Auen reichbegabter Welt.*

*Genieße mäßig Füll und Segen;*
*Vernunft sei überall zugegen,*
*Wo Leben sich des Lebens freut.*
*Dann ist Vergangenheit beständig,*
*Das Künftige voraus lebendig,*
*Der Augenblick ist Ewigkeit.*[263]

Ungern sprach Goethe in der Form eines direkten Bekenntnisses. Um so gewichtiger ist deshalb eine persönlich gemeinte Äußerung gegenüber Sulpiz Boisserée, die er am 22. März 1831, auf den Tag ein Jahr vor seinem Tode, einem längeren Brief als Postskript beifügte: *Die letzte Seite bin ich nun veranlaßt, in Ernst und Scherz mit etwas Wunderlichem zu schließen. Des religiosen Gefühles wird sich kein Mensch erwehren, dabei aber ist es ihm unmöglich, solches in sich allein zu verarbeiten, deswegen sucht er oder macht sich Proselyten. Das letztere ist meine Art nicht, das erstere aber hab ich treulich durchgeführt und, von Erschaffung der Welt an, keine Konfession gefunden, zu der ich mich völlig hätte bekennen mögen. Nun erfahr ich aber in meinen alten Tagen von einer Sekte der Hypsistarier, welche, zwischen Heiden, Juden und Christen geklemmt, sich erklärten, das Beste, Vollkommenste, was zu ihrer Kenntnis käme, zu schätzen, zu bewundern, zu verehren und, insofern es also mit der Gottheit im nahen Verhältnis stehen müsse, anzubeten. Da ward mir auf einmal aus einem dunklen Zeitalter her ein frohes Licht, denn ich fühlte, daß ich zeitlebens getrachtet hatte, mich zum Hypsistarier zu qualifizieren; das ist aber keine kleine Bemühung: denn wie kommt man in der Beschränkung seiner Individualität wohl dahin, das Vortrefflichste gewahr zu werden?* [264]

Weder sein unentwegtes Tätigsein noch sein weitläufiger Briefwechsel oder sein geselliger Umgang konnten Goethe darüber hinwegtäuschen, daß Alter und Gesinnungen ihn mehr und mehr von den Nachkommenden trennten. Einsam, wie *Merlin vom leuchtenden Grabe her,* glaubte er manchmal *sein eigenes Echo* [265] vernehmen zu lassen. An Zelter schrieb er im März 1827: *Mir erscheint der zunächst mich berührende Personenkreis wie ein Konvolut sibyllinischer Blätter, deren eins nach dem andern, von Lebensflammen aufgezehrt, in der Luft zerstiebt und dabei den überbleibenden von Augenblick zu Augenblick höhern Wert verleiht.* [266]

Schwerste *Prüfungen* [267] wurden für Goethe 1828 der Tod des Großherzogs Carl August und zwei Jahre später das *Außenbleiben* [268] seines Sohnes. Nach Erhalt der Nachricht darüber *durch schonende Freunde* [269] hüllte er sich in völliges Schweigen. *Mit Gewalt* [270] vertiefte er sich in seine noch nicht abgeschlossenen poetischen Arbeiten, besonders die letzten Kapitel von *Dichtung und Wahrheit* und den Zweiten Teil des *Faust,* und versuchte, sich durch diese *ganz absorbieren* [271] zu lassen. In der Sorge für die überlebende Familie Augusts schloß er sein Testament ab und bereitete die postume Fortsetzung seiner *Werke*

Goethe im Alter von 68 Jahren.
Kolorierter Stich von Johann Müller nach einer
Kreidezeichnung des Weimarer Hofmalers
Ferdinand Jagemann

letter Hand vor. *Allein der große Begriff der Pflicht*, so erschien es ihm damals, könne ihn aufrechterhalten. *Ich habe keine Sorge, als mich physisch im Gleichgewicht zu bewegen; alles andere gibt sich von selbst. Der Körper muß, der Geist will, und wer seinem Wollen die notwendigste Bahn vorgeschrieben sieht, der braucht sich nicht viel zu besinnen.*[272]

Ein Spruch Goethes aus dem Buch der
Betrachtungen des «West-oestlichen Divans»

Um der *sehr gesteigerten Feier*[273] seines zweiundachtzigsten Geburtstages auszuweichen, verließ Goethe Weimar im August 1831 zum letzten Mal und begab sich für einige Tage nach Ilmenau im Thüringer Wald. Von dort aus unternahm er am 27. August einen Ausflug zu dem Walddorf Gabelbach und zu der Jagdhütte auf dem Kickelhahn, die er während seiner ersten

Weimarer Jahre mehrfach aufgesucht hatte. Der Berginspektor Johann Mahr, der ihn als einziger begleitete, berichtete darüber mit einfachen Worten: «Ganz bequem waren wir bis auf den höchsten Punkt des Kickelhahns gelangt, als er ausstieg, sich erst an der kostbaren Aussicht auf dem Rondell ergötzte, dann über die herrliche Waldung freute und dabei ausrief: *Ach, hätte doch dieses Schöne mein guter Großherzog Carl August noch einmal sehen können! –* Hierauf fragte er: *Das kleine Waldhaus muß hier in der Nähe sein. Ich kann zu Fuß dahin gehen, und die Chaise soll hier so lange warten, bis wir zurückkommen.* Wirklich schritt er rüstig durch die auf der Kuppe des Berges ziemlich hoch stehenden Heidelbeersträucher hindurch bis zu dem wohlbekannten, zweistöckigen Jagdhause, welches aus Zimmer-holz und Bretterbeschlag besteht. Eine steile Treppe führt in den

Was verkürzt mir die Zeit?
   Thätigkeit!
Was macht sie unerträglich lang?
   Müßiggang!
Was bringt in Schulden?
   Harren und Dulden!
Was macht Gewinnen?
   Nicht lange besinnen!
Was bringt zu Ehren?
   Sich wehren!

oberen Teil desselben; ich erbot mich, ihn zu führen, er aber lehnte es mit jugendlicher Munterkeit ab, ob er gleich tags darauf seinen zweiundachtzigsten Geburtstag feierte, mit den Worten: *Glauben Sie ja nicht, daß ich die Treppe nicht steigen könnte; das geht mit mir noch recht sehr gut.* Beim Eintritt in das obere Zimmer sagte er: *Ich habe in früherer Zeit in dieser Stube mit meinem Bedienten im Sommer acht Tage gewohnt und damals einen kleinen Vers hier an die Wand geschrieben. Wohl möchte ich diesen Vers nochmals sehen, und wenn der Tag darunter bemerkt ist, an welchem es geschehen, so haben Sie die Güte, mir solchen aufzuzeichnen.* Sogleich führte ich ihn an das südliche Fenster der Stube, an welchem links mit Bleistift geschrieben steht:

*Über allen Gipfeln
Ist Ruh,
In allen Wipfeln
Spürest du
Kaum einen Hauch;*

*Die Vögelein schweigen im Walde.*
*Warte nur, balde*
*Ruhest du auch.*      *d. 7. September 1780*

Goethe überlas diese wenigen Verse, und Tränen flossen über seine Wangen. Ganz langsam zog er ein schneeweißes Taschentuch aus seinem dunkelbraunen Tuchrock, trocknete sich die Tränen und sprach in sanftem, wehmütigem Ton: *Ja, warte nur, balde ruhest du auch!* schwieg eine halbe Minute, sah nochmals durch das Fenster in den düstern Fichtenwald und wendete sich darauf zu mir mit den Worten: *Nun wollen wir wieder gehen!*» [274]

# Faust

Die wohl bedeutendste Dichtung in deutscher Sprache, Goethes Tragödie *Faust*, geht auf eine lange Entwicklung zurück. Nicht allein, daß Goethe selbst fast sein ganzes Leben daran schrieb, auch vor ihm arbeiteten schon viele Federn an dem Stoff, über drei Jahrhunderte hinweg. Letzten Endes führen alle Faust-Geschichten auf einen Mann des 16. Jahrhunderts zurück, über den bereits Zeitgenossen mit einer Mischung von Bewunderung und Schrecken sprachen. Nach eingehenden Forschungen erscheint es heute plausibel, daß Jörg oder Johannes Faust um 1480 in dem württembergischen Städtchen Knittlingen geboren wurde. Kaum dreißig Jahre alt, muß er weithin als Astrologe, aber auch als Quacksalber und Prahler bekannt gewesen sein. Aus diesem Gerede bildete sich bald eine verbreitete Sage. Daß es dazu kommen konnte, lag allerdings nur zum Teil an dem Wunderglauben des ungebildeten Volkes. Darüber hinausgreifend sind die frühen Mitteilungen über den Mann Faust ein Zeugnis des im Zeitalter der Reformation und der Renaissance erwachenden individualistischen Denkens. Berichte, er habe sich für die damals aufkommenden, weitgehend von der Theologie gelösten Wissenschaften, besonders für die Alchimie, interessiert und dabei unvorstellbare Resultate erzielt, fanden nur allzu offene Ohren. Schon um 1570 zirkulierte unter den Studenten Wittenbergs ein lateinisches Manuskript, in dem von solchen Dingen die Rede war. Nicht viel später, 1587, erschien die «Historia von D. Johann Fausten, dem weitbeschreyten Zauberer und Schwartzkünstler», das erste das Thema behandelnde Volksbuch. Unter dem nicht ganz überzeugenden Vorwand, die «Historia» solle die Gefahren verwegenen Frevelmutes zeigen, hatte der unbekannte Verfasser die schon umlaufenden Geschichten über Faust gesammelt und neue hinzugefügt. Entscheidend war dabei, daß nun auch die Teufelsgestalt Mephistopheles, mit dem

Faust einen geheimnisvollen Pakt abschließen konnte, in Erscheinung trat.

Noch im 16. Jahrhundert fand die weiter wuchernde Sage ihren Weg nach England, wo Christopher Marlowe, der Zeitgenosse Shakespeares, aus den bisher nur lose aneinandergereihten Episoden eine Tragödie von bezwingender Gewalt schuf. Eigentlich erst hier wurde aus dem Satansbündler ein Empörer gegen die Macht Gottes, der nach überirdischer Erkenntnis und höchster weltlicher Macht strebte. Stärker noch als die inzwischen in immer neuen Fassungen erscheinenden Volksbücher erregte diese Version, die durch wandernde Schauspieltruppen bald auch auf dem europäischen Kontinent bekannt wurde, die Gemüter. Durch die Entlehnung von Bühneneffekten aus der höfischen Oper und durch Aufnahme des Harlekins, der als Fausts lustiger Diener seinen Herrn zu überspielen drohte, nahm die theatralische Behandlung im Zeitalter des Barock zwar noch an Popularität zu, verlor jedoch an innerer Kraft. Mit dem Aufkommen der Aufklärung sank dann das einst so eindrucksvolle Spiel in die Sphäre des Puppentheaters ab. Lessing dachte noch einmal daran, aus dem Stoff eine Art von bürgerlicher Tragödie zu gestalten, vollendete aber nur wenige Szenen. Der dämonische Magister ließ sich nicht in einen Helden der Vernunft transformieren. Erst die Dichter des «Sturm und Drang», die ihre Vorbilder gern in Empörern gegen die bestehende Ordnung suchten, griffen das Thema wieder auf: Klinger, Maler Müller und schließlich auch Goethe.

Nach seiner eigenen Erinnerung beschäftigte Goethe sich mit dem Gedanken an ein Faust-Drama bereits während seiner Straßburger Studienzeit. Bleibt auch ungewiß, wie er das Stück damals konzipierte und wann er mit der Niederschrift begann, so wissen wir doch mit Sicherheit, daß einzelne Szenen, so die Beschwörung des Erdgeists, das Gespräch Mephistos mit dem Schüler, *Auerbachs Keller* und Teile der Gretchentragödie, zwischen 1773 und 1775 in Frankfurt entstanden. Unverkennbar tragen sie den Stempel der dichterischen Fülle jener Zeit. Mehrfach rezitierte Goethe dann in seinen ersten Weimarer Jahren aus dieser Fassung, die durch eine Abschrift der Hof-

Die Erscheinung des Erdgeists.
Bleistiftzeichnung Goethes, 1810–1812

dame Luise von Göchhausen als der sogenannte «Urfaust» be-
wahrt wurde, fühlte sich jedoch nicht in der Lage, die Arbeit
daran fortzusetzen. In Italien gelang es ihm zwar, wieder einige Szenen zu schreiben, darunter die *Hexenküche* und den Mo-
nolog Fausts in *Wald und Höhle*, aber mehr und mehr gewann
er den Eindruck, daß er das Stück nicht zu Ende bringen werde.
So beschloß er 1789, die vorhandenen Teile in der ersten Ausgabe seiner *Schriften* als *Faust. Ein Fragment* drucken zu lassen.

Schiller war es, der Goethe zur Wiederaufnahme der alten Pläne bewegen konnte. Bereits wenige Monate nach dem denkwürdigen Gespräch mit Goethe in Jena bat er um Mitteilung der noch unveröffentlichten Partien: «Ich gestehe Ihnen, daß mir das, was ich von diesem Stücke gelesen, der Torso des Herkules ist. Es herrscht in diesen Szenen eine Kraft und eine Fülle des Genies, die den besten Meister unverkennbar zeigt, und ich möchte diese große und kühne Natur, die darin atmet, so weit als möglich verfolgen.»[275] Aber noch fühlte Goethe keinen Mut, *das Paket aufzuschnüren, daß ihn gefangen hält*[276]. Erst im Juni 1797 reagierte er schließlich auf Schillers Drängen und nahm das Manuskript wieder zur Hand: *Da es höchst nötig ist, daß ich mir in meinem jetzigen unruhigen Zustande, etwas zu tun gebe, so habe ich mich entschlossen, an meinen Faust zu gehen und ihn, wo nicht zu vollenden, doch wenigstens um ein gutes Teil weiter zu bringen, indem ich das, was gedruckt ist, wieder auflöse und mit dem, was schon fertig oder erfunden ist, in große Massen disponiere und so die Ausführung des Plans, der eigentlich nur eine Idee ist, näher vorbereite. [...] Nun wünschte ich aber, daß Sie die Güte hätten, die Sache einmal, in schlafloser Nacht, durchzudenken, mir die Forderungen, die Sie an das Ganze machen würden, vorzulegen, und so mir meine eignen Träume, als ein wahrer Prophet, zu erzählen und zu deuten.*[277]

Kurz nach diesem Brief verfaßte Goethe die *Zueignung* sowie das *Vorspiel auf dem Theater* und ließ auch in den folgenden Jahren seiner Verbindung mit Schiller das Stück nie mehr ganz aus den Augen. Im Frühjahr 1806 gelang es ihm schließlich, die letzten Lücken des gesamten Ersten Teils zu füllen.

Obgleich Titel und Inhalt der Tragödie, die 1808 bei Cotta gedruckt wurde, bereits auf einen Zweiten Teil hinwiesen, schrieb Goethe zwanzig Jahre lang nichts mehr daran. Daß er das Werk dann doch noch fortsetzte, ist nicht zuletzt das Verdienst Eckermanns. Wie Schiller beim Ersten Teil drängte auch er Goethe immer wieder, bis dieser im Februar 1825 die älteren Manuskripte erneut vornahm und die Dichtung dann in sechsjähriger, fast täglicher Arbeit vollendete. Das *inkommensurable*[278] Werk wurde für ihn das *Hauptgeschäft*[279] seiner letzten

Faust.

Ein Fragment.

Von

Goethe.

Ächte Ausgabe.

Leipzig,
bey Georg Joachim Göschen,
1790.

130    Faust.
Böser Geist.
Verbirg dich! Sünd' und Schande
Bleibt nicht verborgen.
Luft? Licht?
Weh dir!

Chor.
Quid sum miser tunc dicturus?
Quem patronum rogaturus?
Cum vix justus sit securus.

Böser Geist.
Ihr Antlitz wenden
Verklärte von dir ab.
Die Hände dir zu reichen,
Schauert's den Reinen.
Weh!

Chor.
Quid sum miser tunc dicturus?

Gretchen.
Nachbarinn! Euer Fläschchen! —
Sie fällt in Ohnmacht.

«Faust. Ein Fragment».
Titelblatt der ersten Ausgabe.
Goethe gab den Text, den er glaubte nicht vollenden zu können, 1789 in dieser Form bei dem Leipziger Verleger Göschen zum Druck.

Die Schlußseite von «Faust. Ein Fragment».
In der Szene «Dom» erscheint bei der Totenmesse für Gretchens Mutter der Gretchens Gewissen vorstellende «böse Geist». Bei der Anrufung des Jüngsten Gerichts «Quid sum miser tunc dicturus» (Was soll ich elender Mensch dann sagen) bittet Gretchen ihre Nachbarin um deren Flakon mit Riechsalzen, fällt darauf in Ohnmacht.

Lebensjahre. Zurückblickend schrieb er im Juli 1831 an Heinrich Meyer: *Ich wußte schon lange her, was, ja sogar, wie ich's wollte, und trug es als ein inneres Märchen seit so vielen Jahren mit mir herum, führte aber nur die einzelnen Stellen aus, die mich von Zeit zu Zeit näher anmuteten. Nun sollte und konnte dieser Zweite Teil nicht so fragmentarisch sein als der Erste. Der Verstand hat mehr Recht daran, wie man auch wohl schon an dem davon gedruckten Teil ersehen haben wird. Freilich bedurfte es zuletzt einen recht kräftigen Entschluß, das Ganze zusammenzuarbeiten, daß es vor einem gebildeten Geiste bestehen könne. Ich bestimmte daher fest in mir, daß es noch vor mei-*

## Faust nach Goethe

Seit Anfang des 19. Jahrhunderts erschienen über hundert Fassungen des «Faust», die in der einen oder anderen Weise auf Goethes Werk anspielen. Zu den bedeutendsten gehören:

**Lord Byron:** Manfred. A Dramatic Poem. London 1817
**Christian Dietrich Grabbe:** Don Juan und Faust. Eine Tragödie. Frankfurt 1829
**Nikolaus Lenau:** Faust. Ein Gedicht. Stuttgart 1836
**Heinrich Heine:** Der Doktor Faust. Ein Tanzpoem. Hamburg 1851
**Imre Madách:** Az ember tragédiája [Die Tragödie des Menschen]. Budapest 1861
**Friedrich Theodor Vischer:** Faust, der Tragödie dritter Teil. Tübingen 1862
**Ferdinand Avenarius:** Faust. Ein Spiel. München 1919
**Michel de Ghelderode:** La Mort du Docteur Faust. Bruges 1926
**Paul Valéry:** Mon Faust. Paris 1945
**Thomas Mann:** Doktor Faustus. Stockholm 1947
**Hanns Eisler:** Johann Faustus. Oper. Berlin 1952
**Michel Butor:** Votre Faust. Fantaisie variable. Paris 1962
**Lawrence Durrell:** An Irish Faustus. A Morality in Nine Scenes. London 1963
**Michail Bulgakow:** Master i Margarita [Der Meister und Margarita]. Moskau 1967
**Albert Paris Gütersloh:** Die Fabel von der Freundschaft. München 1969

nem Geburtstage vollendet sein müsse. Und so wird es auch. Das Ganze liegt vor mir, und ich habe nur noch Kleinigkeiten zu berichtigen. So siegle ich's ein, und dann mag es das spezifische Gewicht meiner folgenden Bände vermehren. Wenn es noch Probleme genug enthält, indem – der Welt- und Menschengeschichte gleich – das zuletzt aufgelöste Problem immer wieder ein neues aufzulösendes darbietet, so wird es doch gewiß denjenigen erfreuen, der sich auf Miene, Wink und leise Hindeutung versteht.[280]

Zwei Tage nach diesem Brief, am 22. Juli 1831, konnte Goethe schließlich im Tagebuch vermerken: *Das Hauptgeschäft zu Stande gebracht. Letztes Mundum. Alles rein Geschriebene eingeheftet.*[281] Der *Faust* war vollendet. Einen Monat später siegelte er das Manuskript ein und bestimmte, daß es erst nach seinem Ableben gedruckt werden dürfe. Als erster Band seiner *Nachgelassenen Werke* erschien *Faust, der Tragödie Zweiter Teil* dann 1833.

In unzähligen Büchern ist die Dichtung seitdem gedeutet worden, und trotzdem erscheint es manchmal, als seien ihre Fülle an Gedanken, Visionen und Anspielungen, der Reichtum an Ausdruck und Empfindung noch immer nicht gänzlich gehoben. Gehen auch manche Szenen auf die Überlieferung der Volksbücher zurück oder erinnern, wie der Eingangsmonolog Fausts, noch an Marlowe und seine Nachfolger, so besteht doch ein Unterschied zu allen früheren Behandlungen darin, daß der Teufelspakt hier von einem *Prolog im Himmel* abhängig gemacht wird. Die Pole des Spieles sind bei Goethe *der Herr*, der den Glauben an die zwar irrende, aber im Kern doch gute Menschheit nicht aufgegeben hat, und Mephistopheles, nun allerdings nicht mehr ein seelenhungriger Teufel, sondern eher eine vielschichtige Verkörperung des Skeptizismus, der auch noch seinen Platz unter dem Gesinde *des Herrn* hat. Diesem Rahmen entsprechend steht der eigentliche Vertrag zwischen Faust und Mephistopheles unter dem ganz Goetheschen Gesichtspunkt, ob Fausts Streben nach Erkenntnis jemals zum Stillstand gebracht werden könne, sei es durch Genuß oder Selbstgefallen. So unternimmt er es, mit Mephistopheles zu wetten:

> *Werd' ich beruhigt je mich auf ein Faulbett legen:*
> *So sei es gleich um mich getan!*
> *Kannst du mich schmeichelnd je belügen*
> *Daß ich mir selbst gefallen mag,*
> *Kannst du mich mit Genuß betriegen:*
> *Das sei für mich der letzte Tag!*
> *Die Wette biet' ich!* [282]

Von diesem Pakt aus gesehen erscheinen sämtliche Geschehnisse der Tragödie als Versuche des Mephistopheles, Faust durch Lebensgenuß zu gewinnen. Die wichtigsten Stationen seines Weges durch die *kleine* und *große Welt* [283] werden im Ersten Teil seine Liebe zu Gretchen und die sich daraus ergebenden Verstrickungen; im Zweiten Teil sein Auftreten an einem mächtigen Kaiserhof, sein Gang zu den *Müttern* [284] und seine Begegnung mit den Gestalten der griechischen Mythologie in der *Klassischen Walpurgisnacht* [285], die zu einer Verbindung mit Helena als dem Symbol der höchsten Schönheit führt. Im fünften Akt dieses Teils schließlich wird er nach bedeutenden Taten als Feldherr des Kaisers mit dem Strand des Reiches belehnt und macht ein ganzes Meeresgebiet urbar. Eine der letzten Szenen, die Goethe schrieb, schildert Fausts Vision eines freien Volkes, das dereinst auf dem neugewonnenen Boden siedeln könnte:

> *Im Vorgefühl von solchem hohen Glück*
> *Genieß ich jetzt den höchsten Augenblick.*[286]

Mit diesen Worten stirbt der Hundertjährige. Mephistopheles war es nicht gelungen, Faust von seinem Streben abzubringen. Er hat seine Wette zwar nicht der Form, aber doch der Sache nach verloren. Himmlische Mächte, Gestalten aus der *christlich-kirchlichen*[287] Glaubenswelt, entführen *Faustens Unsterbliches*[288].

Alles Vergängliche
Ist nur ein Gleichniß,
Das Unzulängliche
Hier wird's Ereigniß
Das Unbeschreibliche
Hier ist es gethan;
Das Ewig-Weibliche
Zieht uns hinan.

Die Schlußverse von
«Faust»

Vielleicht der wichtigste Aspekt der Tragödie ist nun, daß sich diese Geschehnisse nicht allein in der äußeren Welt, sondern vor allem in der Seele Fausts abspielen. Trotz der Buntheit der Szenen und der Vielfalt der dargestellten Ereignisse ist Goethes *Faust* ein Seelendrama mit einer Kette von inneren Erfahrungen, Kämpfen und Zweifeln. Eckermann zeichnete dazu im Juni 1831, zwei Wochen vor der Vollendung der Dichtung, eine ausdrückliche Erklärung Goethes auf: «Wir sprachen sodann über den Schluß, und Goethe machte mich auf die Stelle aufmerksam, wo es heißt[289]:

> *Gerettet ist das edle Glied*
> *Der Geisterwelt vom Bösen:*
> *Wer immer strebend sich bemüht,*
> *Den können wir erlösen!*
> *Und hat an ihm die Liebe gar*
> *Von oben teilgenommen,*
> *Begegnet ihm die selige Schar*
> *Mit herzlichem Willkommen.*[290]

*In diesen Versen,* sagte er, *ist der Schlüssel zu Fausts Rettung enthalten. In Faust selber eine immer höhere und reinere Tätigkeit bis ans Ende, und von oben die ihm zu Hilfe kommende ewige Liebe. Es steht dieses mit unserer religiösen Vorstellung durchaus in Harmonie, nach welcher wir nicht bloß durch eigene Kraft selig werden, sondern durch die hinzukommende göttliche Gnade.*[291]

Zum letzten Mal äußerte Goethe sich über den *Faust* am 17. März 1832. Auf eine Anfrage Wilhelm von Humboldts nach den Stufen und Epochen seiner Arbeit an der Dichtung ant-

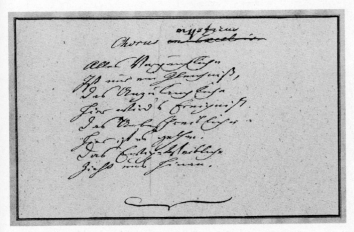

Goethes Handschrift der Schlußverse von «Faust II».
Der ursprüngliche, durchgestrichene Titel der Verse lautete
«Chorus in Excelsis» – Chorus in den Höhen. Goethe änderte
ihn zu «Chorus mysticus» – Mystischer Chorus. Mit einer feinen
senkrechten Durchstreichung deutete Goethes Schreiber an,
daß er die Verse für die Druckvorlage kopiert hatte.

wortete er mit einem ausführlichen Schreiben, dem letzten von mehr als fünfzehntausend Briefen, die er im Laufe seines Lebens verfaßte: *Es sind über sechzig Jahre, daß die Konzeption des Faust bei mir jugendlich von vorneherein klar, die ganze Reihenfolge hin weniger ausführlich vorlag. Nun hab ich die Absicht immer sachte neben mir hergehen lassen, und nur die mir gerade interessantesten Stellen einzeln durchgearbeitet, so daß im Zweiten Teil Lücken*

Friedrich Preller: Goethe nach der Natur gezeichnet
am Tage seiner Beerdigung, 26. März 1832

blieben, durch ein gleichmäßiges Interesse mit dem übrigen zu verbinden. Hier trat nun freilich die große Schwierigkeit ein, dasjenige
durch Vorsatz und Charakter zu erreichen, was eigentlich der freiwillig tätigen Natur allein zukommen sollte. Es wäre aber nicht gut,
wenn es nicht auch nach einem so langen, tätig nachdenkenden Leben
möglich geworden wäre, und ich lasse mich keine Furcht angehen,
man werde das Ältere vom Neueren, das Spätere vom Früheren unterscheiden können, welches wir denn den künftigen Lesern zur ge-
neigten Einsicht übergeben wollen. Ganz ohne Frage würd es mir unendliche Freude machen, meinen werten, durchaus dankbar aner-
kannten, weit verteilten Freunden auch bei Lebzeiten diese sehr

*ernsten Scherze zu widmen, mitzuteilen und ihre Erwiderung zu vernehmen. Der Tag aber ist wirklich so absurd und konfus, daß ich mich überzeuge, meine redlichen, lange verfolgten Bemühungen um dieses seltsame Gebäu würden schlecht belohnt und an den Strand getrieben, wie ein Wrack in Trümmern daliegen und von dem Dünenschutt der Stunden zunächst überschüttet werden. Verwirrende Lehre zu verwirrtem Handel waltet über die Welt, und ich habe nichts angelegentlicher zu tun als dasjenige was an mir ist und geblieben ist wo möglich zu steigern und meine Eigentümlichkeiten zu kohobieren, wie Sie es, würdiger Freund, ja auch bewerkstelligen. Verzeihung diesem verspäteten Blatte! Ohngeachtet meiner Abgeschlossenheit findet sich selten eine Stunde, wo man sich diese Geheimnisse des Lebens vergegenwärtigen mag.*[292]

Nicht einmal eine Woche nach dem Diktat dieses Briefes, am 22. März 1832, mittags um halb zwölf Uhr, starb Goethe im Alter von zweiundachtzig Jahren. Eckermann sah den Toten am folgenden Tag: «Auf dem Rücken ausgestreckt, ruhte er wie ein Schlafender. Tiefer Friede und Festigkeit waltete auf den Zügen seines erhaben-edlen Gesichts. Die mächtige Stirn schien noch Gedanken zu hegen.»[293]

# ANMERKUNGEN

Die Ziffern am Ende der einzelnen Hinweise beziehen sich auf Band und Seite der Artemis-Gedenkausgabe, unter den Ausgaben von Goethes Werken, die auch Briefe und Gespräche enthalten, die zur Zeit noch vollständigste. Die Ziffer 26 gilt dem zweiten Ergänzungsband der Ausgabe mit Goethes Tagebüchern. Andere Vorlagen werden im einzelnen genannt. Die Abkürzung WA bezieht sich auf die Weimarer Ausgabe.

1 Wieland, An Psyche. Anfang 1776. 22, 97
2 Dichtung und Wahrheit, II. Teil, 7. Buch. 10, 312
3 Selbstcharakteristik. 14, 185
4 An Wilhelm von Humboldt. 17. März 1832. 21, 1043
5 Bildung und Umbildung organischer Naturen. 17, 11
6 Dichtung und Wahrheit, I. Teil, 1. Buch. 10, 21
7 Dichtung und Wahrheit, I. Teil, 1. Buch. 10, 19
8 Dichtung und Wahrheit, I. Teil, 1. Buch. 10, 18
9 Dichtung und Wahrheit, I. Teil, 1. Buch. 10, 23
10 Dichtung und Wahrheit, I. Teil, 1. Buch. 10, 22
11 Dichtung und Wahrheit, I. Teil, 1. Buch. 10, 23
12 Dichtung und Wahrheit, I. Teil, 1. Buch. 10, 23
13 Zahme Xenien VI. 1, 669
14 Dichtung und Wahrheit, II. Teil, 8. Buch. 10, 372
15 Zahme Xenien VI. 1, 669
16 Zahme Xenien VI. 1, 669
17 Dichtung und Wahrheit, II. Teil, 6. Buch. 10, 254
18 Dichtung und Wahrheit, II. Teil, 6. Buch. 10, 252
19 Dichtung und Wahrheit, I. Teil, 1. Buch. 10, 43

20 Dichtung und Wahrheit, I. Teil, 1. Buch. 10, 36
21 Dichtung und Wahrheit, I. Teil, 2. Buch. 10, 54
22 Dichtung und Wahrheit, I. Teil, 2. Buch. 10, 56
23 Dichtung und Wahrheit, I. Teil, 2. Buch. 10, 55
24 An Personen: Erhabner Grosspapa! 2, 194
25 Dichtung und Wahrheit, II. Teil, 6. Buch. 10, 243
26 Dichtung und Wahrheit, I. Teil, 5. Buch. 10, 222
27 Dichtung und Wahrheit, II. Teil, 6. Buch. 10, 267
28 Dichtung und Wahrheit, II. Teil, 6. Buch. 10, 270
29 An Riese. 20. Oktober 1765. 18, 17
30 An Riese. 23. April 1766. 18, 32
31 Dichtung und Wahrheit, II. Teil, 7. Buch. 10, 327
32 Dichtung und Wahrheit, II. Teil, 7. Buch. 10, 328
33 Dichtung und Wahrheit, II. Teil, 8. Buch. 10, 341
34 Dichtung und Wahrheit, II. Teil, 7. Buch. 10, 296
35 Dichtung und Wahrheit, II. Teil, 7. Buch. 10, 313
36 Dichtung und Wahrheit, II. Teil, 7. Buch. 10, 312
37 Dichtung und Wahrheit, II. Teil, 8. Buch. 10, 363
38 Dichtung und Wahrheit, II. Teil, 8. Buch. 10, 370
39 Dichtung und Wahrheit, II. Teil, 8. Buch. 10, 373
40 An Friederike Oeser. 13. Februar 1769. 18, 121
41 Von deutscher Baukunst. 13, 21
42 Dichtung und Wahrheit, III. Teil, 11. Buch. 10, 545
43 Dichtung und Wahrheit, III. Teil, 11. Buch. 10, 517
44 An Hetzler, 24. August 1770. 18, 146
45 Zu Kanzler von Müller. 24. April 1830. 23, 690
46 Dichtung und Wahrheit, II. Teil, 9. Buch. 10, 411

154 Wilhelm Tischbein. Dezember 1786. 22, 158

155 Italienische Reise. Neapel, 23. März 1787. 11, 240

156 Italienische Reise. Neapel, 23. März 1787. 11, 240

157 Italienische Reise. Neapel, 20. März 1787. 11, 236

158 Italienische Reise. Palermo, 13. April 1787. 11, 275

159 Italienische Reise. Neapel, 17. Mai 1787. 11, 353

160 Italienische Reise. Sizilien. Aus der Erinnerung. 1787. 11, 328

161 Charlotte von Stein an Knebel. Ende April 1784. 22, 143

162 Geschichte meines botanischen Studiums. 17, 80

163 Italienische Reise. Neapel, 17. Mai 1787. 11, 353

164 Italienische Reise. Zweiter Römischer Aufenthalt. 11, 383

165 Italienische Reise. Rom, November 1787. 11, 480

166 Italienische Reise. Rom, Oktober 1787. 11, 465

167 Italienische Reise. Rom, 25. Dezember 1787. 11, 492

168 Italienische Reise. Rom, November 1787. 11, 484

169 Italienische Reise. Rom, April 1788. 11, 611

170 Geschichte meines botanischen Studiums. 17, 84

171 An Charlotte von Stein. 23. Dezember 1786. WA IV. 8, 102

172 Caroline Herder an ihren Mann. 4. September 1788. 22, 170

173 Schiller an Körner. 12. September 1788. Goethes Gespräche. Hg. von Wolfgang Herwig. Zürich 1965. I, 444

174 Schiller an Körner. 1788/89. 22, 178

175 Charlotte von Stein an Friedrich von Stein. 17. Mai 1796. Goethe, Begegnungen und Gespräche. Hg. von Renate Grumach. Berlin 1980. IV, 222

176 An Knebel. Weimar, 9. Juli 1790. 19, 168

177 Die Metamorphose der Pflanzen, § 115. 17, 56

178 Zur Morphologie. Paralipomena. WA II. 6, 446

179 Tag- und Jahreshefte. 1789. 11, 622

180 Zu Eckermann. 4. Januar 1824. 24, 549

181 Kampagne in Frankreich. 3. September 1792. 12, 266

182 Kampagne in Frankreich. 19. September 1792. 12, 289

183 Belagerung von Mainz. 25. Juli 1793. 12, 455

184 An John. 27. November 1813. WA IV. 24, 48

185 Glückliches Ereignis. 16, 864

186 Erste Bekanntschaft mit Schiller. 12, 620

187 Erste Bekanntschaft mit Schiller. 12, 622

188 Erste Bekanntschaft mit Schiller. 12, 622

189 Erste Bekanntschaft mit Schiller. 12, 622

190 Schiller an Goethe. 23. August 1794. 20, 13

191 An Schiller. 27. August 1794. 20, 16

192 Erste Bekanntschaft mit Schiller. 12, 619

193 An Schiller. 27. August 1794. 20, 17

194 Zu Eckermann. 24. März 1829. 24, 331

195 Schiller an Körner. 1. Februar 1796. Schiller-Nationalausgabe 28, Weimar 1969. 178

196 Erste Bekanntschaft mit Schiller. 12, 623

197 Runge, Hinterlassene Schriften. Hamburg, 1840. Erster Teil. 6

198 Tag- und Jahreshefte. 1805. 11, 747

199 Tag- und Jahreshefte. 1805. 11, 749

200 An Zelter. 1. Juni 1805. 19, 479

201 Epilog zu Schillers Glocke. 2, 96

202 Gedichte. Gott und Welt. 1, 522. Titel nach WA I. 3, 399

257 An Jacobi. 6. Januar 1813. 19, 689

258 An Jacobi. 6. Januar 1813. 19, 689

259 Auguste zu Stolberg an Goethe. 15. Oktober 1822. Briefe an Goethe. Hg. von Karl Robert Mandelkow. München 1982. 2, 338

260 An Auguste zu Stolberg. 17. April 1823. 21, 533

261 Zu Eckermann. 11. März 1832. 24, 771

262 Zu Eckermann. 11. März 1832. 24, 772

263 Gedichte. Gott, Gemüt und Welt. 1, 514

264 An Boisserée. 22. März 1831. 21, 976

265 An Zelter. 14. Dezember 1830. 21, 953

266 An Zelter. 19. März 1827. 21, 728

267 An Zelter. 21. November 1830. 21, 949

268 An Zelter. 14. Dezember 1830. 21, 952

269 An Sigismund von Herder. 19. Januar 1831. WA IV. 48, 90

270 An Zelter. 14. Dezember 1830. 21, 952

271 An Zelter. 14. Dezember 1830. 21, 952

272 An Zelter. 21. November 1830. 21, 950

273 An Reinhard, 7. September 1831. 21, 1001

274 Zu Mahr. 27. August 1831. 23, 769

275 Schiller an Goethe. 29. November 1794. 20, 42

276 An Schiller. 2. Dezember 1794. 20, 43

277 An Schiller. 22. Juni 1797. 20, 361

278 Zu Eckermann. 13. Februar 1831. 24, 446

279 Tagebücher. 10. November 1828. 25, 498

280 An Meyer. 20. Juli 1831. 5, 664

281 Tagebücher. 22. Juli 1831. 26, 566

282 Faust, Vers 1692. 5, 193

283 Faust, Vers 2052. 5, 204

284 Faust, Vers 6216. 5, 338

285 Faust, Vers 7005. 5, 364

286 Faust, Vers 11585. 5, 509

287 Zu Eckermann. 6. Juni 1831. 24, 504

288 Faust, Vers 11824. 5, 516

289 Zu Eckermann. 6. Juni 1831. 24, 504

290 Faust, Vers 11934. 5, 520

291 Zu Eckermann. 6. Juni 1831. 24, 504

292 An Humboldt. 17. März 1832. 21, 1042

293 Eckermann. 23. März 1832. 24, 511

Die Datierungen von Goethes Werken beziehen sich, soweit nicht anders angegeben, auf die Zeit der Entstehung.

1749    28. August: Johann Wolfgang Goethe in Frankfurt am Main geboren.

1755    Umbau des Elternhauses am Großen Hirschgraben.
1. November: Erdbeben zu Lissabon.

1759    Januar bis Februar 1763: Besetzung Frankfurts durch die Franzosen. Einquartierung des Grafen Thoranc in Goethes Elternhaus.

1764    3. April: Krönung Josephs des Zweiten zum römisch-deutschen König.

1765    Oktober bis August 1768: Studium in Leipzig.
Bekanntschaft mit Käthchen Schönkopf, Behrisch, Oeser.

1767    *Die Laune des Verliebten.*

1768    Juli: Schwere Erkrankung.
28. August: Abreise von Leipzig.
September bis März 1770: Krankheit und Genesung in Frankfurt. Umgang mit Susanna Katharina von Klettenberg.
*Die Mitschuldigen.*

1770    April bis August 1771: Studium in Straßburg.
September bis April 1771: Herder in Straßburg.
Oktober: Erster Besuch in Sesenheim. Bekanntschaft mit Friederike Brion.

1771    6. August: Promotion zum Lizentiaten der Rechte.
Mitte August: Rückkehr nach Frankfurt.
Ende August: Zulassung als Anwalt beim Frankfurter Schöffengericht.
*Zum Schäkespears Tag.*

1772    Mai–September: Praktikant am Reichskammergericht in Wetzlar. Bekanntschaft mit Charlotte Buff.
*Von deutscher Baukunst.*

1773    *Brief des Pastors. Götz von Berlichingen.*

1774    Juli–August: Lahn- und Rheinreise mit Lavater und Basedow.
*Die Leiden des jungen Werthers. Clavigo.*

1775    April: Verlobung mit Lili Schönemann.
Mai–Juli: Erste Reise in die Schweiz.
Herbst: Lösung der Verlobung mit Lili Schönemann.
30. Oktober: Abreise von Frankfurt.
7. November: Ankunft in Weimar.
November: Erste Begegnung mit Charlotte von Stein.

1776    Januar–Februar: Entschluß, länger in Weimar zu bleiben.
April: Goethe bezieht das Gartenhaus an den Ilmwiesen, wohnt dort bis Juni 1782.
11. Juni: Eintritt in den weimarischen Staatsdienst.

1777    Dezember: Ritt durch den Harz.
*Harzreise im Winter.*

1778    Mai: Reise mit Herzog Carl August nach Berlin und Potsdam.

1779    September bis Januar 1780: Zweite Reise in die Schweiz mit Herzog Carl August.
*Iphigenie auf Tauris. Jery und Bätely.*

1780    Goethe beginnt, sich mit mineralogischen Studien zu befassen.

1781    November bis Januar 1782: Vorträge über Anatomie im Weimarer Freien Zeicheninstitut.
*Die Fischerin.*

1782    März–Mai: Diplomatische Reisen an die thüringischen Höfe.
2. Juni: Goethe bezieht das Haus am Frauenplan.

3. Juni: Goethe erhält das von Kaiser Joseph dem Zweiten ausgestellte Adelsdiplom.

1783 September–Oktober: Zweite Reise in den Harz, nach Göttingen und Kassel.

1784 März: Entdeckung des Zwischenkieferknochens des Menschen.

1785 Juni–August: In Karlsbad. *Wilhelm Meisters theatralische Sendung.*

1786 Juli–August: In Karlsbad. 3. September: Heimliche Abreise von Karlsbad nach Italien. 29. Oktober: Ankunft in Rom. *Iphigenie auf Tauris*, in Versen.

1787 Februar–Juni: Reise nach Neapel und Sizilien.

1788 23. April: Abschied von Rom. 18. Juni: Rückkehr nach Weimar. Juli: Verbindung mit Christiane Vulpius. *Römische Elegien.*

1789 25. Dezember: Goethes Sohn August geboren. *Torquato Tasso.*

1790 März–Juni: Reise nach Venedig. Juli–Oktober: Reise nach Schlesien in das preußische Feldlager, nach Krakau und Czenstochau. *Die Metamorphose der Pflanzen.*

1791 Januar: Betrauung mit der Leitung des Weimarer Hoftheaters. *Der Groß-Cophta. Beiträge zur Optik.*

1792 August–Oktober: Goethe nimmt im Gefolge des Herzogs Carl August an der Kampagne in Frankreich teil. 19./20. September: Kanonade von Valmy.

1793 Mai–Juli: Als Beobachter bei der Belagerung von Mainz. *Der Bürgergeneral. Reineke Fuchs.*

1794 Ende Juli: Unterredung mit Schiller über die Urpflanze. *Unterhaltungen deutscher Ausgewanderten.*

1795 Juli–August: In Karlsbad. *Das Märchen.*

1796 *Wilhelm Meisters Lehrjahre. Hermann und Dorothea.*

1797 August–November: Dritte Reise in die Schweiz. *Balladen.* Wiederaufnahme der Arbeiten am *Faust.*

1798 12. Oktober: Eröffnung des umgebauten Hoftheaters mit «Wallensteins Lager».

1799 September: Erste Ausstellung der Weimarer Kunstfreunde.

1800 April–Mai: Reise mit Herzog Carl August nach Leipzig.

1801 Januar: Erkrankung an Gesichtsrose. Juni–August: Reise nach Pyrmont, Göttingen und Kassel.

1802 Januar–Juni: Häufig in Jena. 26. Juni: Eröffnung des neuen Theaters in Lauchstädt.

1803 Mai: Reise nach Halle, Merseburg, Naumburg. *Die natürliche Tochter.*

1804 August–September: In Lauchstädt und Halle. *Winckelmann und sein Jahrhundert.*

1805 Januar–Februar: Anfälle von Nierenkolik. 9. Mai: Tod Schillers. Juli–September: Wiederholt in Lauchstädt. *Epilog zu Schillers Glocke.*

1806 April: Abschluß von *Faust, Erster Teil.* 14. Oktober: Schlacht bei Jena. Besetzung Weimars. 19. Oktober: Trauung mit Christiane Vulpius.

1807 Mai–September: In Karlsbad. *Sonette.*

1808 Mai–September: In Karlsbad und Franzensbad. 2. Oktober: Unterredung mit Napoleon in Erfurt.

1809 *Die Wahlverwandtschaften.*

1810 Mai–September: In Karlsbad, Teplitz, Dresden. *Farbenlehre. Philipp Hackert.*

1811 Mai–Juni: In Karlsbad mit Christiane.
*Dichtung und Wahrheit, Erster Teil.*

1812 Mai–September: In Karlsbad und Teplitz. Begegnung mit Beethoven.

1812 *Dichtung und Wahrheit, Zweiter Teil.*

1813 April–August: In Teplitz.
16.–19. Oktober: Schlacht bei Leipzig.
*Dichtung und Wahrheit, Dritter Teil.*

1814 Mai–Juni: In Bad Berka bei Weimar.
Juli–Oktober: Reise in die Rhein- und Maingegenden. Begegnung mit Marianne von Willemer. Besuche bei den Brüdern Boisserée in Heidelberg.

1815 Februar: Durch Beschluß des Wiener Kongresses wird Sachsen-Weimar-Eisenach Großherzogtum.
Mai–Oktober: Zweite Reise in die Rhein- und Maingegenden.

1816 6. Juni: Tod Christianes.
Juli–September: In Bad Tennstedt.
*Italienische Reise*

1817 März–August und November–Dezember: Häufig in Jena.
17. Juni: Vermählung August von Goethes mit Ottilie von Pogwisch.
*Geschichte meines botanischen Studiums.*

1818 Juli–September: In Karlsbad.

1819 August–September: In Karlsbad.
*West-oestlicher Divan.*

1820 April–Mai: In Karlsbad.
*Zahme Xenien.*

1821 Juli–September: In Marienbad und Eger. Erste Begegnung mit Ulrike von Levetzow.

1822 Juni–August: In Marienbad und Eger.
*Kampagne in Frankreich.*

1823 Februar–März: Herzbeutelentzündung.
10. Juni: Erster Besuch Eckermanns bei Goethe.
Juli–September: In Marienbad, Eger und Karlsbad.
*Marienbader Elegie.*

1824 Vorbereitungen zur Herausgabe des *Briefwechsels mit Schiller.*

1825 Februar: Wiederaufnahme der Arbeit am *Faust.*

1826 *Helena-Akt* zum *Faust.*
*Novelle.*

1827 *Zahme Xenien.*

1828 14. Juni: Tod des Großherzogs Carl August.
Juli–September: Goethe zieht sich auf die Dornburg zurück.

1829 *Wilhelm Meisters Wanderjahre.*

1830 10. November: Goethe erhält die Nachricht vom Tod seines Sohnes in Rom, erleidet Ende November einen Blutsturz.
*Dichtung und Wahrheit, Vierter Teil.*

1831 22. Juli: *Faust, Zweiter Teil* abgeschlossen.
28. August: Letzter Geburtstag Goethes in Ilmenau.

1832 22. März: Tod Goethes.

**Thomas Carlyle**

So ist denn unser größter Dichter dahin. Die himmlische Kraft, die so vieler Dinge Herr wurde, weilt hier nicht länger. Der Werktagsmann, der bisher zu uns gehörte, hat das Ewigkeitsgewand angelegt und strahlt in triumphierender Glorie. Sein Schwinden glich dem Untergang der Sonne. Die Sonne offenbart körperliche Dinge, der Weltpoet ist Auge und Offenbarer aller Dinge in ihrer Geistigkeit. Wie groß ist der Zeitraum, den die Tätigkeit dieses Mannes annäherungsweise etwa beeinflussen wird? Es war für uns Zeitgenossen schon eine Art Auszeichnung, an die Existenz eines solchen Dichters glauben zu dürfen. Er sah in das größte aller Geheimnisse, das offene, hinein. Was er gesprochen hat, wird Tat werden.

*Death of Goethe. 1832*

**Herman Grimm**

Über Goethe scheint fast schon zuviel gesagt zu sein. Eine Bibliothek von Veröffentlichungen ist vorhanden, die ihn betreffen. Täglich vermehren sie sich. Keine Woche beinahe verging in der letzten Zeit, daß nicht hier oder dort wieder ein Novum von Goethe oder über ihn gedruckt wurde. Und doch, diese ihm zugewandte Arbeit bietet nur die Anfänge erst einer Tätigkeit, die in eine unabsehbare Zukunft hineinreichen muß.

*Vorlesung über Goethe. 1874*

**Emil du Bois-Reymond**

Sein Theoretisieren beschränkt sich darauf, aus einem Urphänomen, wie er es nennt, welches aber schon ein sehr verwickeltes ist, andere Phänomene hervorgehen zu lassen, etwa wie ein Nebelbild dem anderen folgt, ohne einleuchtenden ursächlichen Zusammenhang. Der Begriff der mechanischen Kausalität war es, der Goethe gänzlich abging. Deshalb blieb seine Farbenlehre, abgesehen von deren subjektivem Teil, trotz den leidenschaftlichen Bemühungen eines langen Lebens, die totgeborene Spielerei eines autodidaktischen Dilettanten.

*Goethe und kein Ende. 1882*

**Friedrich Nietzsche**

Goethe gehört in eine höhere Gattung von Literaturen, als «Nationalliteraturen» sind: deshalb steht er auch zu seiner Nation weder im Verhältnis des Lebens, noch des Neuseins, noch des Veraltens. Nur für wenige hat er gelebt und lebt er noch: für die meisten ist er nichts als eine Fanfare der Eitelkeit, welche man von Zeit zu Zeit über die deutsche Grenze hinüberbläst. Goethe, nicht nur ein guter und großer Mensch, sondern eine Kultur – Goethe ist in der Geschichte der Deutschen ein Zwischenfall ohne Folgen.

*Menschliches, Allzumenschliches. 1886*

**José Ortega y Gasset**

Es ist fast lächerlich, wie Goethe mißverstanden wurde. Dieser Mann hat sein Leben damit verbracht, sich selbst zu suchen oder zu meiden – eine Haltung, der die Sorge um die genaue Verwirklichung seiner selbst polar entgegengesetzt ist. Denn das letzte setzt voraus, daß kein Zweifel darüber besteht, was man ist, oder daß, wenn dies einmal ermittelt ist, das Individuum zu seiner Selbstverwirklichung entschlossen ist; dann mag die Aufmerksamkeit mit Ruhe bei den Einzelheiten der Ausführung verweilen.

*Um einen Goethe von innen bittend. 1932*

**Albert Schweitzer**

Goethe ist der erste, der etwas wie Angst um den Menschen erlebt. In einer Zeit, in der die andern noch unbefangen sind, dämmert ihm, daß das große Problem, um das es in der kommenden Entwicklung gehen wird, dieses sein wird, wie sich der einzelne gegen die Vielheit zu behaupten vermöge.

*Goethe-Gedenkrede, gehalten bei der Feier der hundertsten Wiederkehr seines Todestages in seiner Vaterstadt Frankfurt. 1932*

**Ernst Beutler**

Und heute? Das ganze Reich liegt in Trümmern, ein Gebilde, ein Jahrtausend alt, uns ehrwürdig als Gefäß unserer Geschichte, als Traum und Verwirklichung der Geschlechterketten unserer Ahnen. Die Lebenden verzweifeln. Die Toten klagen an. Wäre es nicht gemäßer, den heutigen Tag mit Schweigen zu begehen? Das wäre wohl angemessen, wenn es sich um den Geburtstag eines Staatsmannes handelte, dessen Schöpfung zerschlagen liegt. Aber es gilt den Tag eines Dichters. Und des Dichters Reich ist das Wort. Wort und Lied sind ewig. Troja ist zerfallen seit mehr als dreitausend Jahren, Homer lebt. Und auch Goethe lebt und wird leben und zeugen von dem Edelsten und Schönsten, dessen deutscher Geist fähig gewesen ist, wird leben, so lange die Deutschen sein Andenken und damit sich selbst lebendig erhalten. Und darum dürfen wir am heutigen Tage nicht schweigen, sondern müssen reden.

*Besinnung. Ansprache zur Feier von Goethes Geburtstag. 1945*

**Karl Jaspers**

Wir dürfen keinen Menschen vergöttern. Die Zeit des Goethe-Kultus ist vorbei. Um echte Nachfolge zu ermöglichen, dürfen wir den Blick in den brüchigen Grund des Menschseins nicht verlieren. Unsere freie Freude am Großen, unser Mitgenommenwerden von der Liebeskraft Goethes, unser Atmen in seiner Lebensluft darf uns nicht hindern, gerade das zu tun, was er selbst verbarg, den Blick auf die Abgründe zu werfen. Wir finden bei Goethe gleichsam Erholung und Ermunterung, nicht aber die Befreiung von der Last, die uns auferlegt ist, nicht die Führung durch die Welt, die die unsere ist, und die Goethe nicht kannte. Goethe ist wie eine Vertretung des Menschseins, ohne doch der Weg für uns zu werden, dem wir folgen können. Er ist exemplarisch, ohne Vorbild zu sein.

*Goethe und unsere Zukunft. 1947*

**Thomas Mann**

Was wir von Vorstellungen von Harmonie, glücklicher Ausgewogenheit und Klassizität mit Goethes Namen verbinden, war nichts leichthin Gegebenes, sondern eine gewaltige Leistung, das Werk von Charakterkräften, durch welche dämonisch-gefährliche und möglicherweise zerstörerische Anlagen überwunden, genützt, verklärt, versittlicht wurden, zum Guten und Lebensdienlichen gewendet und gezwungen. Und doch bleibt immer viel Dunkles, Übermenschlich-Unmenschliches, das den bloßen Humanitarier kalt und schreckhaft anweht, in dieser mächtigen Existenz; dank der ungeheuren Dialektik seiner Natur, in der das Göttliche und das Teuflische, Fausts unendliches Bestreben und der höhnische Nihilismus des Mephistopheles dichterisch auseinandertreten und einander die Wahrheit streitig machen.

*Ansprache im Goethejahr 1949*

**Hans Blumenberg**

Es ist kein exemplarisches Leben, das dieses Theaterdirektors und Sammlers von allem und jedem, keins eines

möglichen Führers und Geleiters zur Sinnentdeckung oder Sinnerfindung des Daseins. Aber, frage ich dagegen, gibt es ein anderes Leben, das wir je in so vielfachen Wirklichkeits- und Illusionsbeziehungen vor uns ausgebreitet gesehen hätten? Dessen Durchbildung in Selbstgewinn und Selbstverlust, Selbstfiktion und Selbsttäuschung uns vergleichbar einsichtig geworden wäre?
*Arbeit am Mythos. 1979*

**Joachim Fest**
Die Vertrautheit mit dem Werk und mit der Person besteht nicht mehr. Zu den Gründen zählt offenbar, daß Goethe, heute womöglich mehr denn je, allem Zeitgeist und dessen Vorlieben entgegensteht. Schon der aristokratische, ins zeremoniell Hochmütige reichende Stil seines Auftretens schafft Befremden; desgleichen, daß er zur Strenge und Selbstnötigung fähig war und lebenslang allem auswich, was ihn hätte beirren, gefährden oder gar ruinieren können, während die Gegenwart diesen Ruin, als Voraussetzung für ihr Interesse, geradezu verlangt und die großen Zerbrochenen feiert: Lenz, Kleist, Hölderlin. Von Goethe dagegen stammt der schneidende Begriff der «Lazarettpoesie», der alles umfaßte

was «nur Genie» war und, wie er selber von seinem Frühwerk gesagt hat, lediglich «Brandraketen» in den Himmel steigen ließ, aber nichts wußte vom Ethos des Fertigmachens sowie von der Moralität des Am-Leben-Bleibens und Altwerdens.
*Goethes dauernde Fremdheit. Eine Improvisation über die Gegenwärtigkeit eines Klassikers. 1987*

**Ilse Graham**
Goethes allbegreifende Güte speist sich aus dem Glauben an den unverwüstlichen Aufwärtstrieb alles Lebendigen, zusammen mit der durchaus realistischen Komplementäreinsicht, daß niedere Möglichkeiten auch noch im Höchsten schlummern und in ihrer zerstörerischen Dynamik erkannt werden wollen und müssen, damit sich das in dem Ganzen angelegte Erlösungswerk vollende. Diese wissende Güte hätte sich, all unserer «gewaltigen Gesellen» zutrotz, auch in der Heutzeit bewährt, und dieses Dichters ruhig forschender Blick hätte sich von dem, was er da gesehen hätte, nicht beirren lassen. Denn «... das Oben wie das Unten / Bringt dem edlen Geist Gewinn.» Eines solchen bedürfen wir als Leitstern in dunkel-wirren Zeiten.
*Goethe: Schauen und Glauben. 1988*

# BIBLIOGRAPHIE

Angesichts der Fülle der Goethes Leben und Werk behandelnden Publikationen kann die hier gegebene Übersicht kaum mehr als die Bibliographien und Nachschlagewerke nennen, mit deren Hilfe sich mehr ins einzelne gehende Titel nachweisen lassen. Das Schwergewicht liegt bei neueren Publikationen. Die Auswahl reflektiert den Stand vom Frühjahr 1999.

## 1. Bibliographien

Bibliographie. Zusammengestellt von Franz Götting. In: dtv-Ausgabe, Band 45, München 1963, S. 127–168

Goethe-Bibliographie. Bearbeitet von Hans Pyritz u. a. 2 Bände. Heidelberg 1965 u. 1968

Bibliographie. Bearbeitet von Erich Trunz. In: Hamburger Ausgabe, Band 14, München 1988, S. 549–626

Goethe-Bibliographie. Literatur zum dichterischen Werk. Zusammengestellt von Helmut G. Hermann. Stuttgart 1991

Goethe-Bibliographie 1970–1989. Bearbeitet von Hans Henning. In: Goethe-Jahrbuch 89/1972–108/1991

Goethe-Bibliographie 1990 ff. Bearbeitet von Heidi Zeilinger. In: Goethe-Jahrbuch 109/1992 ff.

Goethe in the History of Science. Bibliography. Edited by Frederick Amrine. 2 Bände. New York 1996

Faust-Bibliographie. Bearbeitet von Hans Henning. 3 Bände in 5. Berlin 1966–1976

## 2. Nachschlagewerke

**Biedrzynski, Effi:** Goethes Weimar. Das Lexikon der Personen und Schauplätze. Zürich 1994³

Corpus der Goethezeichnungen. Bearbeitet von Gerhard Femmel u. a. 7 Bände in 10. Leipzig 1972–1979

Goethe Handbuch. Goethe, seine Welt und Zeit in Werk und Wirkung. Herausgegeben von Alfred Zastrau. 2 Bände. Stuttgart 1956 u. 1961

Goethe Handbuch. Herausgegeben von Bernd Witte u. a. 4 Bände. Stuttgart 1996–1998

Goethe. Tageskonkordanz der Begebenheiten, Tagebücher, Briefe und Gespräche in acht Bänden. Von Gert A. Zischka. Wien 1980 ff.

Goethe Wörterbuch. Herausgegeben von der Berlin-Brandenburgischen Akademie der Wissenschaften u. a. Stuttgart 1978 ff.

Goethes Leben von Tag zu Tag. Eine dokumentarische Chronik. Von Robert Steiger und Angelika Reimann. 8 Bände. Zürich 1983–1996

**Gräf, Hans Gerhard:** Goethe ueber seine Dichtungen. Versuch einer Sammlung aller Aeußerungen des Dichters ueber seine poetischen Werke. 9 Bände. Frankfurt a. M. 1901–1914

Konkordanz zu Goethes Werken. Bearbeitet von Anneliese Märkisch. Berlin 1973

Lexikon der Goethe-Zitate. Herausgegeben von Richard Dobel. Zürich 1968

**Mommsen, Momme:** Die Entstehung von Goethes Werken in Dokumenten. 2 Bände. Berlin 1958

**Ruppert, Hans:** Goethes Bibliothek. Katalog. Weimar 1958

Quellen und Zeugnisse zur Druckgeschichte von Goethes Werken. Bearbeitet von Waltraud Hagen u. a. 4 Bände. Berlin 1966–1986

Verskonkordanz zu Goethes «Faust,

Erster Teil». Bearbeitet von Steven P. Sondrup und David Chisholm. Tübingen 1986
Verskonkordanz zu Goethes «Faust, Zweiter Teil». Bearbeitet von Steven P. Sondrup und Randall L. Jones. Tübingen 1989
**Wilpert, Gero von**: Goethe-Lexikon. Stuttgart 1998

## 3. Laufende Periodika der Goethe-Forschung

Goethe-Jahrbuch. Weimar 1972 ff. [früher erschienen als Jahrbuch der Goethe-Gesellschaft und Vierteljahresschrift der Goethe-Gesellschaft]
Register der Goethe-Jahrbücher 1880–1968. Bearbeitet von Konrad Kratzsch. Weimar 1970 (Schriften der Goethe-Gesellschaft 59)
Schriften der Goethe-Gesellschaft. Weimar 1885 ff. [bisher 65 Bände]
Publications of the English Goethe-Society. Papers read before the Society. London 1924 ff.
Jahrbuch des Wiener Goethe-Vereins. Wien 1960 ff. [früher erschienen als Chronik des Wiener Goethe-Vereins]
Jahrbuch des Freien Deutschen Hochstifts. Neue Folge. Tübingen 1962 ff.
Jahrbuch der Sammlung Kippenberg. Neue Folge. Düsseldorf 1963 ff.
Goethe Yearbook: Publications of the Goethe Society of North America. Columbia, S. C. 1982 ff.

## 4. Werkausgaben

Werke. Vollständige Ausgabe letzter Hand. 40 Bände. Stuttgart / Tübingen 1827–1830, Cotta
Nachgelassene Werke. 20 Bände. Stuttgart / Tübingen 1832–1842, Cotta
Werke. Herausgegeben im Auftrage der Großherzogin Sophie von Sachsen. Vier Abteilungen, 143 Bände. Weimar 1887–1919, Böhlau [Weimarer Ausgabe]. Reprint: München 1987, Deutscher Taschenbuch Verlag
Gedenkausgabe der Werke, Briefe und Gespräche. Herausgegeben von Ernst Beutler. 24 Bände und 3 Ergänzungsbände. Zürich 1948–1971, Artemis [Artemis-Ausgabe]
Werke. Ausgabe in 14 Bänden. Herausgegeben von Erich Trunz. Hamburg 1948–1960; München ²1988, Beck [Hamburger Ausgabe]
dtv-Gesamtausgabe. Herausgegeben von Peter Boerner. 45 Bände. München 1961–1963, Deutscher Taschenbuch Verlag [dtv-Ausgabe]
Werke. Nach der Hamburger Ausgabe. Herausgegeben von Randall L. Jones u. a. Tübingen 1990–1993, Niemeyer [auf 34 Disketten]
Sämtliche Werke nach Epochen seines Schaffens. Herausgegeben von Karl Richter u. a. 21 Bände in 32. München 1985–1998, Hanser [Münchner Ausgabe]
Sämtliche Werke. Briefe, Tagebücher und Gespräche. Herausgegeben von Friedmar Apel u. a. 40 Bände. Frankfurt a. M. 1985 ff., Deutscher Klassiker-Verlag [Frankfurter Ausgabe]
Werke auf CD-ROM. Weimarer Ausgabe. Cambridge 1995, Chadwyck Healey
Werke. Digitale Bibliothek. Ausgewählt von Mathias Bertram. Berlin 1998, Directmedia [auf CD-ROM]

## 5. Teilsammlungen

Der junge Goethe. Herausgegeben von Hanna Fischer-Lamberg. 6 Bände. Berlin 1963–1974
Amtliche Schriften. Herausgegeben von Willy Flach. 4 Bände in 5. Weimar 1950–1987
Die Schriften zur Naturwissenschaft. Herausgegeben von Dorothea Kuhn

und Wolf von Engelhardt. Band 1 ff.
Weimar 1947 ff. [Leopoldina-Ausgabe]

## 6. Briefe, Tagebücher, Gespräche

Goethes Briefe. 50 Bände. Weimar
1887–1912 (Weimarer Ausgabe,
Vierte Abteilung); ergänzt durch:
Nachträge zur Weimarer Ausgabe.
Herausgegeben von Paul Raabe.
3 Bände. München 1990
Goethes Briefe und Briefe an Goethe.
Herausgegeben von Karl Robert
Mandelkow. 6 Bände. München
1988
Briefe an Goethe. Gesamtausgabe in
Regestform. Herausgegeben von
Karl-Heinz Hahn und Irmtraut
Schmid. Band 1 ff. Weimar 1980 ff.
Goethe: Tagebücher. Historisch-kritische Ausgabe. Herausgegeben von
Jochen Golz. 10 Bände. Stuttgart
1998 ff.
Goethe: Begegnungen und Gespräche. Herausgegeben von Renate
Grumach. Band 1 ff. Berlin 1965 ff.
Goethes Gespräche. Herausgegeben
von Wolfgang Herwig. 6 Bände.
Zürich 1965–1987

## 7. Einzelne Briefwechsel

[Brentano] Bettinas Leben und Briefwechsel mit Goethe. Herausgegeben von Fritz Bergemann. Leipzig
1927
Briefwechsel des Herzogs-Großherzogs Carl August mit Goethe. Herausgegeben von Hans Wahl. 3 Bände. Berlin 1915–1918. Nachdruck
Bern 1971
Correspondence between Goethe
and Carlyle. Herausgegeben von
Charles Eliot Norton. New York
1970
Goethe und Cotta. Briefwechsel
1797–1832. Herausgegeben von
Dorothea Kuhn. 4 Bände in 3. Stuttgart 1979–1983
Goethes Ehe in Briefen [Christiane
von Goethe]. Herausgegeben von
Hans Gerhard Gräf. Frankfurt a. M.
1921
Goethe an Cornelia [Goethe]. Die
dreizehn Briefe an seine Schwester.
Herausgegeben von André Banuls.
Hamburg 1986
Joseph Sebastian Grüners Briefwechsel mit Goethe. Herausgegeben von
Hermann Braun. Marktredwitz
1981
Goethes Briefwechsel mit Wilhelm
und Alexander von Humboldt.
Herausgegeben von Ludwig Geiger.
Berlin 1909
Goethe und Lavater. Briefe und Tagebücher. Herausgegeben von Heinrich Funck. Weimar 1901 (Schriften
der Goethe-Gesellschaft 16)
Goethes Briefwechsel mit Heinrich Meyer. Herausgegeben von
Max Hecker. 4 Bände. Weimar
1917–1932 (Schriften der Goethe-Gesellschaft 32, 34, 35/I, 35/II)
Goethe und Reinhard. Briefwechsel
in den Jahren 1807 bis 1832. Herausgegeben von Otto Heuschele.
Wiesbaden 1957
Philipp Otto Runges Briefwechsel
mit Goethe. Herausgegeben von
Hellmuth von Maltzahn. Weimar
1940 (Schriften der Goethe-Gesellschaft 51)
Der Briefwechsel zwischen Schiller
und Goethe. Herausgegeben von
Hans Gerhard Gräf und Albert
Leitzmann. 3 Bände. Leipzig 1912
[neuerdings auch in der Münchner
und in der Frankfurter Ausgabe]
August Wilhelm und Friedrich
Schlegel im Briefwechsel mit
Goethe. Herausgegeben von Josef
Körner und Ernst Wieneke. Leipzig
1926
Goethes Briefe an Frau von Stein.
Herausgegeben von Julius Petersen.
2 Bände in 4. Leipzig 1923
Briefe an Auguste Gräfin zu Stolberg.

Herausgegeben von Jürgen Behrens. Bad Homburg 1968; Neuausgabe Frankfurt a. M. 1983

Goethes Briefwechsel mit Christian Gottlob **Voigt**. Herausgegeben von Hans Tümmler. 4 Bände. Weimar 1949–1962 (Schriften der Goethe-Gesellschaft 53–56)

Marianne **Willemer** und Jakob Willemer: Briefwechsel mit Goethe. Herausgegeben von Hans-Joachim Weitz. Frankfurt a. M. 1965

Der Briefwechsel zwischen Goethe und **Zelter**. Herausgegeben von Max Hecker. 3 Bände. Leipzig 1913–1918

Briefwechsel zwischen Goethe und **Zelter** in den Jahren 1799 bis 1832. Herausgegeben von Edith Zehm. 3 Bände. München 1991–1998 (Münchner Ausgabe Band 20/1–3)

## 8. Neuere Gesamtdarstellungen

**Boyle, Nicholas**: Goethe, the Poet and the Age. Volume 1: The Poetry of Desire. Oxford 1991; deutsche Ausgabe: Goethe. Der Dichter in seiner Zeit. München 1995

**Conrady, Karl Otto**: Goethe – Leben und Werk. 2 Bände. Frankfurt a. M. [3]1995–96

**Eissler, Kurt Robert**: Goethe. Eine psychoanalytische Studie. 2 Bände. München 1987

**Friedenthal, Richard**: Goethe. Sein Leben und seine Zeit. München 1997[II]

**Hölscher-Lohmeyer, Dorothea**: Johann Wolfgang Goethe. München 1991

**Mayer, Hans**: Goethe. Ein Versuch über den Erfolg. Frankfurt a. M. 1992

**Meyer, Heinrich**: Goethe. Das Leben im Werk. Zürich [4]1994

**Seehafer, Klaus**: Mein Leben ein einzig Abenteuer. Johann Wolfgang Goethe. Biografie. Berlin 1998

**Staiger, Emil**: Goethe. 3 Bände. Zürich 1952–1959

**Williams, John R.**: The Life of Goethe. A Critical Biography. Oxford 1998

## ÜBER DEN AUTOR

Peter Boerner wurde 1926 in Estland geboren. Er studierte an der Universität Frankfurt a. M. und am Europa-Kolleg in Brügge. Nach seiner Promotion war er Kustos des Goethe-Museums in Düsseldorf, dann Professor für Vergleichende Literaturwissenschaft an der University of Wisconsin. Seit 1971 hat er einen Lehrstuhl für deutsche Literatur an der Indiana University in Bloomington inne.

Er veröffentlichte Studien über das literarische Tagebuch und die Faust-sage sowie Aufsätze zur Rezeption der deutschen Literatur außerhalb Deutschlands, zum Problemkreis des Bildes vom anderen Land und zu den europäischen Amerika-Vorstellungen. Er ist Herausgeber der Goethe-Ausgabe des Deutschen Taschenbuch Verlags, der «Gesammelten Schriften» Caroline von Wolzogens und der «Historia von D. Johann Fausten».

## QUELLENNACHWEIS DER ABBILDUNGEN

Artothek, Peissenberg (Foto: Joachim Blauel): Umschlagvorderseite
Foto: Archiv für Kunst und Geschichte, Berlin: Umschlagrückseite oben, 71 (Original im Goethe-Museum Düsseldorf)
Privatbesitz Bloomington, In.: Umschlagrückseite unten, 3, 21, 37, 121, 129 (2)
Stiftung Weimarer Klassik (Fotos: Sigrid Geske, Weimar): Goethe-Nationalmuseum: 7, 25, 28, 33 (Foto: Angelika Kittel), 46, 54, 57, 67, 73, 86, 91, 93, 99, 101, 106, 108, 111, 112, 127; Herzogin Anna Amalia Bibliothek: 15 (Original der Handschrift: Stadt- und Universitätsbibliothek Frankfurt a. M.); Goethe-Schiller-Archiv: 35 (GSA 25/I, 2), 61 (GSA 29/468), 65 (GSA 27/9), 75 (GSA 26/LXI, 3, 16, Bl. 153), 83 (GSA 28/1046), 88 (GSA 25/XX, 9, 1), 122 (GSA 25/XI, XV, 15e)
Freies Deutsches Hochstift – Frankfurter Goethe-Museum, Frankfurt a. M. (Fotos: © Ursula Edelmann, Frankfurt a. M.): 11, 13, 68
Foto: Bildarchiv/ÖNB Wien: 17, 41, 81
© Bildarchiv Preußischer Kulturbesitz, Berlin, 1999: 23, 44
Goethe-Museum Düsseldorf (Fotos: Walter Klein, Düsseldorf): 31, 48, 79, 96, 116, 133, 134
Aus: Briefwechsel des Herzogs-Großherzogs Carl August mit Goethe. Hg. von Hans Wahl. Berlin 1915: 50
Aus: Park um Weimar – Bilder von Günther Beyer. Weimar 1958: 52
Kunstsammlungen zu Weimar (Foto: Eberhard Renno, Weimar): 59

**rowohlts monographien**
Begründet von Kurt Kusen-
berg, herausgegeben von
Wolfgang Müller und Uwe
Naumann.

**Thomas Bernhard**
dargestellt von Hans Höller
(50504)

**Hermann Broch**
dargestellt von Manfred
Durzak
(50537)

**Agatha Christie**
dargestellt von
Herbert Kraft
(50493)

**Carlo Goldoni**
dargestellt von
Hartmut Scheible
(50462)

**Franz Kafka**
dargestellt von
Klaus Wagenbach
(50091)

**Gotthold Ephraim Lessing**
dargestellt von
Wolfgang Drews
(50075)

**Jack London**
dargestellt von Thomas Ayck
(50244)

**Die Familie Mann**
dargestellt von
Hans Wißkirchen
(50630)

**Nelly Sachs**
dargestellt von
Gabriele Fritsch- Vivié
(50496)

**William Shakespeare**
dargestellt von Alan Posener
(50551)

Die Familie Mann
Hans Wißkirchen

**Theodor Storm**
dargestellt von
Hartmut Vinçon
(50186)

**Italo Svevo**
dargestellt von
François Bondy und
Ragni Maria Gschwend
(50459)

**Jules Verne**
dargestellt von Volker Dehs
(50358)

**Oscar Wilde**
dargestellt von Peter Funke
(50148)

**Stefan Zweig**
dargestellt von
Hartmut Müller
(50413)

*rowohlts monographien*

Ein Gesamtverzeichnis der
Reihe *rowohlts mono-
graphien* finden Sie in der
*Rowohlt Revue*. Vierteljähr-
lich neu. Kostenlos in Ihrer
Buchhandlung.
Rowohlt im Internet:
www.rowohlt.de